WOHN-
REZEPTE

WOHN-REZEPTE

Multifunktionale Räume

LIZ BAUWENS UND ALEXANDRA CAMPBELL

Aus dem Englischen übertragen von Wiebke Krabbe

Fotografien von Simon Brown

BUSSE SEEWALD

Für Frederick, Rosalind, Lois, Milo und Finn

Originalausgabe
Liz Bauwens and Alexandra Campbell
SPACES FOR LIVING
How to create multi-functional
rooms for today's homes

ISBN 1-85585-6247

Die Deutsche Bibliothek – CIP-Einheitsaufnahme

WOHNREZEPTE : Multifunktionale Räume /
Liz Bauwens und Alexandra Campbell. Fotogr. von Simon Brown.
Aus dem Engl. übertr. von Wiebke Krabbe. –
Herford : Busse Seewald, 1999
Einheitssacht.: Spaces for living <dt.>
ISBN 3-512-03189-7

Deutsche Ausgabe

Übersetzung: Wiebke Krabbe, Damlos
Redaktion: Barbara Marquardt, Waldenbuch
Herstellung: Richard Brüll, Herford
Satz: Busse Druck, Herford
Reproduktion: Grafiscan S.R.L., Verona
Druck und Bindung: Dai Nippon Printing Co

ISBN 3-512-03189-7

Inhalt

Einleitung

Wohnrezepte ist ein Buch über zeitgemäßes Leben und Wohnen. Mehrzweckräume und offene Einrichtungskonzepte bringen Mauern zum Fallen: die Mauern zwischen formellem und informellem Teil des Hauses, zwischen Familie und Gästen und – weil immer mehr

Menschen ihren festen Arbeitsplatz zu Hause einrichten – auch zwischen Privatsphäre und Berufsleben. Es ist eine entspannte Art zu wohnen, aber oft zugleich ein Leben unter größeren Zwängen. Zeit und Raum müssen so gut wie möglich eingeteilt werden. Wohnungen sollen nicht mehr nur gut aussehen, sie müssen gleichzeitig optimal aufgeteilt, behaglich und praktisch sein. Wir sind eine Generation von berufstätigen Müttern mit turbulentem Alltag: wir haben den Arbeitsplatz zu Hause, wir bekommen gern Besuch, die Familie ist uns wichtig – und wir sammeln immer mehr Dinge an, die sinnvoll untergebracht werden wollen. Bei alledem soll unsere Wohnumgebung unsere Persönlichkeit widerspiegeln.

Alle Wohnungen, die für dieses Buch fotografiert wurden, gibt es tatsächlich. Die Fotos zeigen praktikable Lösungen für verschiedene Probleme, vor denen wir heutzutage beim Einrichten stehen. Manche Ein-

richtungen wurden von Architekten entworfen, andere von den Bewohnern, und viele sind eine Mischung aus beidem. Manche Häuser sind groß, andere winzig. In der Inneneinrichtung wechseln die Stile ebenso schnell wie in der Mode. Die Lösungen in diesem Buch sind am zeitgenössischen Design orientiert, sie sind ebenso praktisch wie wohnlich und eignen sich für ein schmaleres Budget gleichermaßen wie für aufwendigere Umgestaltungen. Die Vorlieben sind unterschiedlich. Manche Menschen sammeln Antiquitäten, andere bevorzugen einen ultramodernen Stil, und jede stilistische Entscheidung ist zugleich eine sehr per-

sönliche Aussage. Manche Wohnungen beherbergen eine Familie, andere nur zwei Personen. In allen aber wird 24 Stunden am Tag gelebt, gearbeitet, geschlafen oder gespielt. Keine der hier vorgestellten Wohnungen ist tagsüber verlassen und wird nur zum Übernachten benutzt. Die Einrichtungsvorschläge laden zum Sitzenbleiben und Reden ein. In unserer schnelllebigen Zeit fehlt allzu oft die Zeit zur Kommunikation. Aber auch der Rückzug in die Privatsphäre ist ein besonders großes zeittypisches Bedürfnis, darum bleibt stets ein Teil des Wohnraumes der Ruhe und Entspannung vorbehalten.

Wohnrezepte gibt viele Antworten auf diese widersprüchlichen Fragen unserer Zeit. Ob Sie jetzt nur ein Möbel suchen, um einen Raum praktischer und behaglicher zu gestalten, oder ob Sie ein ganzes Haus umbauen wollen: hier finden Sie Ideen und Lösungen, die funktionieren. Wir bringen gemeinsam über dreißig Jahre Erfahrung aus der Arbeit in Wohn- und Einrichtungszeitschriften mit, und wir haben bei diesem Buch viel gelernt. Das wünschen wir auch Ihnen.

Liz Bauwens

Alexandra Campbell

Treffpunkt

Küche

Die Küche als „Herzstück des Hauses" ist ein Klischee geworden – aber es entspricht der Wahrheit. Die Menschen geben beträchtliche Summen aus, damit die Küche gut funktioniert, behaglich ist und den persönlichen Lebensstil widerspiegelt. Die meisten modernen Küchen werden doppelt genutzt. Oft ist ein Essplatz integriert, gelegentlich auch ein Bereich für die Kinder zum Spielen oder eine Ecke zum Ausruhen. Manchmal lohnt es sich, die Räume im Haus zu tauschen – aus zwei Räumen einen zu machen oder auch ein Stück Außenmauer einzureißen und einen Wintergarten anzubauen – selbst ein kleiner bewirkt schon Wunder.

Den Esstisch in die Mitte zu stellen und die Küchenschränke und -geräte rundherum an den Wänden aufzubauen, ist nicht unbedingt die glücklichste Lösung. Der Arbeitsbereich der Küche sollte so kompakt wie möglich sein. Schaffen Sie Arbeitszonen: eine „Nasszone" (Abwaschen, Spülmaschine, Alltagsgeschirr und -gläser), eine „Kochzone" (Herd, Abzugshaube, Schneidefläche) und eine „Erfrischungszone" (Kaffee, Tee, Wasserkessel). Alle Utensilien sollten rasch zur Hand sein, wichtig ist auch der leichte Zugang zu Wasserhahn und Abfluss. Der Weg von einer zur anderen Zone muss unkompliziert sein. Alltagsgeschirr sollte stets leicht erreichbar sein, seltener benutzte Dinge können im Essbereich verstaut werden.

Drehscheibe des Familien- lebens

Dieses geräumige, helle Zimmer war früher der traditionelle Salon eines konservativen Hauses. Die Küche war in einen kleinen, nach hinten gelegenen Raum verbannt. Die jetzigen Bewohner haben die Aufteilung ihrem Lebensstil angepasst und den Salon in eine große Wohnküche verwandelt, die jetzt Familientreffpunkt und gleichzeitig Drehscheibe des lebhaften Haushaltes ist. Auf diese Weise bleiben die übrigen Räume der Ruhe und der Entspannung vorbehalten.

Diese Wohnküche ist edel genug für ein feierliches Essen mit Gästen. Die gut ausgerüstete Küche bietet viel Platz für die Vor- und Zubereitung des Essens sowie für die Lagerung von Vorräten.

Der offene Küchenblock integriert die Küche mit dem übrigen Raum, so dass der Koch oder die Köchin nicht von den Gesprächen der anderen Personen im Raum ausgeschlossen ist.

Neu aufgeteilt

Dieser Raum wirkt deshalb so gelungen, weil sich die Bewohner zuvor ihren Lebensstil gründlich bewusst gemacht haben. Ursprünglich wurden die Räume so genutzt, wie sie vor etwa 100 Jahren geplant worden waren. Der Alltag einer Familie des 20. Jahrhunderts passte sich also einem Haus aus dem 19. Jahrhundert an. Das größte Problem war die Küche, ein kleiner Raum hinter dem Wohnzimmer, in dem sich die Familie und oft auch Besucher drängelten, während das Wohnzimmer leer blieb. Das Esszimmer wurde selten benutzt. Nach gründlicher Überlegung und Beratung mit einem Architekten und einem Feng-Shui-Experten baute man den größten Raum des Hauses zur Wohnküche um. Das ehemalige Esszimmer wurde zum kleinen, gemütlichen Wohnzimmer und die Küche zum kuscheligen Fernsehzimmer. Die Wohnküche beansprucht nicht nur den größten Teil des Hauses, sie liegt im Sinne des Feng Shui auch im Feld „Beziehungen“. Somit ist sie der ideale Ort, um mit Freunden und Familie zusammen zu sitzen. Durch den Umbau wird das Haus nun besser ausgenutzt. Früher drängten sich 80 Prozent der Familie auf 25 Prozent der Fläche, jetzt verteilen sich die Aktivitäten gleichmäßig auf das ganze Erdgeschoss.

Essplatz

Eine Musikbox aus den 50er-Jahren weist augenzwinkernd darauf hin, dass man hier auch Spaß haben darf. Ansonsten haben sich die Bewohner auf die wesentlichsten Elemente beschränkt: Esstisch, Anrichte und Kamin. Die Anrichte stand einmal als Bücherregal in der Bibliothek. Weil das Holz so gut erhalten war, beratschlagte die Familie, ob man es anstreichen sollte. Als es dann einen weißen Anstrich hatte, freuten sich alle, dass sie ihrem Instinkt gefolgt waren.

Die Esszimmerwände wurden in einem leicht gebrochenen Weiß gestrichen, reines Weiß kann leicht sehr grell wirken. Um dem Raum etwas mehr Kontur zu geben, wurden die Holzleisten an der Decke und am Kamin sowie die Fußleisten eine Nuance dunkler abgetönt. Solche feinen Farbunterschiede fallen kaum ins Auge, lassen jedoch die Raumform deutlicher hervortreten als völlige Einfarbigkeit.

1

2

1 Hinter Glastüren sehen Gläser noch viel edler aus – und die Anrichte bleibt stets frei und aufgeräumt.

2 Die Musikbox aus den 50er-Jahren bringt Farbe in den sonst sehr schlichten, ruhigen Raum. Bei Bedarf lässt sie auch fetzige Musik ertönen.

Rechts: Der Essbereich

Küche

Dieser Raum hat zwei große Fenster, eine große, zweiflügelige Glastüre zum Garten und einen Kamin. Je eine Türe führt von hier aus ins Fernsehzimmer und in die Diele. Die geringe Wandstellfläche wird von der großen Kühl-Gefrier-Kombination und dem wuchtigen Küchenherd eingenommen, dadurch bleibt wenig Platz für Schränke. Architekt Christopher Spink entwarf daher halbhohe Küchenschränke als Raumteiler. So ist eine gelungene Kombination aus Frühstückstresen, Arbeitsfläche und Stauraum entstanden. Küche und Essplatz sind klar von einander getrennt. Auf der einen

Seite befinden sich Kamin, Anrichte und Esstisch, auf der anderen alle Küchengerätschaften. Das Konzept steht auch im Einklang mit dem Prinzip des Feng Shui: In einem Raum mit mehreren Nutzungszwecken sollen die jeweiligen Bereiche voneinander abgegrenzt sein.

Der frei stehende Küchenblock, in dem die Spülmaschine und auch ein Heizkörper untergebracht sind, schafft zusätzliche Arbeitsflächen. In einer tiefen Schublade, in praktischer Reichweite zum Herd, sind Töpfe und Pfannen verstaut. Durch den Auszug braucht man nicht in den Tiefen eines Schrankes nach dem passenden Topf zu graben. Diese Küchenblöcke sind in den letzten zehn Jahren recht beliebt geworden. Sie passen aber nur in einen großen Raum wirklich gut. Ihr Vorteil ist, dass man bei der Küchenarbeit dem restlichen Raum nicht den Rücken zudreht und sich an Gesprächen beteiligen oder Kinder beaufsichtigen kann. Außerdem verkürzt solch ein Block in einer großen Küche die Wege, weil alles Benötigte in Reichweite ist. In einer kleinen Küche wird er allerdings leicht zum Hindernis.

CHECKLISTE: WOHNKÜCHE

■ Ein Frühstückstresen ist ein praktischer Raumteiler. Er schafft zusätzliche Arbeitsfläche und Stauraum. Außerdem hält er Kinder und Haustiere vom Herd fern. Er schränkt allerdings die Bewegungsfreiheit ein, weil er bei Bedarf nicht einfach beiseite geräumt werden kann.

■ Frei stehende Küchenblöcke sind kommunikativ, sie sorgen für Stauraum und für praktische Arbeitsflächen in Reichweite von Spüle, Herd und Schränken. Sie brauchen aber viel mehr Platz, als man vermuten möchte, darum sind sie in kleinen Küchen eher hinderlich.

■ Um den Platz optimal auszunutzen, sind Einbauschränke sehr nützlich. Geben Sie sich nicht gleich mit Standardmöbeln zufrieden. Beobachten Sie Ihre individuellen Arbeitsgewohnheiten beim Kochen für die Familie und für Gäste, aber auch beim Zubereiten von Kleinigkeiten. Überlegen Sie genau, welche Dinge sie wo in Reichweite haben möchten.

■ Große Schubladen sind viel praktischer als Schränke mit Türen. Man kann sie weit herausziehen und kommt viel leichter an den hinteren Bereich heran. Wer wühlt schon gern in den Tiefen eines Schrankes nach Töpfen und Schüsseln!

Die Kühl-Gefrier-Kombination wurde in einen Schrank eingebaut, wodurch zusätzlicher Stauraum entstand. Auch in den offenen Eckregalen lässt sich allerlei unterbringen. Damit die Küche nicht allzu perfekt und laborartig wirkt, reichen die Einbauten nicht ganz bis an die Decke und schließen mit einem imposanten Kranzprofil ab. Besonders in einer Küche mit hoher Decke ist dies eine gute Lösung. Die Spüle ist aus praktischer Sicht unter dem Fenster sinnvoll platziert. Im Sinne des fernöstlichen Feng Shui ist Glas ein Wasser-Element, und auch aus dieser Sicht gilt es als günstig, den Wasserhahn in Fensternähe zu installieren.

Licht

In Mehrzweckräumen spielt die Beleuchtung eine besonders wichtige Rolle. Hier können durch zwei separate Kreise von Halogen-Deckenstrahlern Küche und Essbereich getrennt beleuchtet werden. Auch das Tageslicht sollten Sie genau beobachten. Trotz der beiden Glastüren zur Terrasse und dem großen Fenster zum Garten hin wirkt der Raum eher dunkel, weil er nach Norden ausgerichtet ist. Durch ein nachträglich eingebautes Oberlicht fällt nun zu jeder Jahreszeit reichlich Tageslicht ein. Weiße Wände, Arbeitsplatten aus hellem Ahorn und helle Naturholzfußböden reflektieren jeden Lichtstrahl und lassen die Wohnküche hell und luftig wirken.

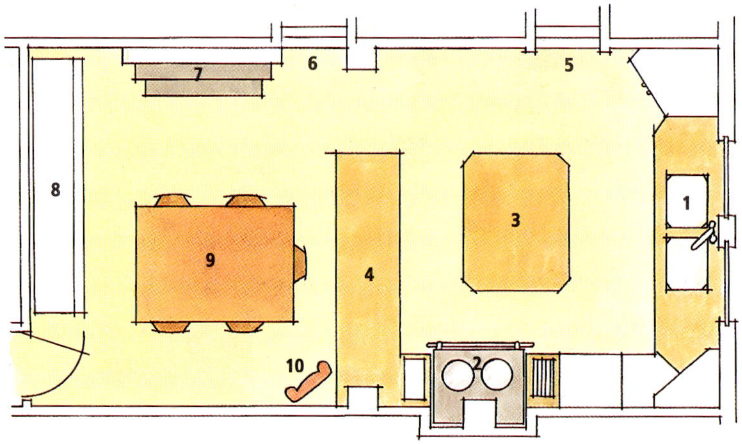

GRUNDRISS
(1) Spüle vor dem Fenster
(2) Herd
(3) Küchenblock mit Heizkörper
(4) Frühstückstresen
(5) Tür in den Garten
(6) Tür zum Fernsehzimmer
(7) Kamin
(8) weiß gestrichene Anrichte
(9) Esstisch
(10) Musikbox

Eine Spritzschutzwand aus schwarzem Granit lässt den alten Küchenherd sehr edel aussehen. Auf dem Ceranfeld daneben (1) wird das Essen vorbereitet. Im Sommer, wenn der Holzherd nicht brennt, wird darauf auch gekocht. Im Küchenblock lässt sich gegenüber vom Herd eine große Schublade (2) mit Töpfen und Pfannen herausziehen. Auf der anderen Seite ist in den Block die Spülmaschine eingebaut, an den Schmalseiten hängen Heizkörper. Am Tresen wird gefrühstückt, und für eine große dekorative Blumenvase (3) ist auch noch Platz.

1

2

3

Küche mit Spielraum

Dieser moderne, L-förmige Raum dient gleichzeitig als Küche, Esszimmer und Spielzimmer für die Kinder. Der Schrankraum ist gut durchdacht, jedes Stück kann gleich nach Gebrauch problemlos verstaut werden. Mobile Tische auf Rollen lassen jede Menge Möglichkeiten zu: Ein Esstisch plus Arbeitsfläche und ein extra großer Esstisch werden bei Bedarf einfach zur Seite geschoben. Toaster, Mixer und andere Geräte sind im Schrank betriebsbereit ans Stromnetz angeschlossen – verborgen hinter Türen.

Die maßgeschneiderten Schränke sind das Geheimnis dieses praktischen Mehrzweckraumes. Im Spielbereich verstecken sie Bücher, Spielzeug, Geschirr und Fernseher.

In den Zwillingsschränken rechts und links vom Herd sind Vorräte, Küchenutensilien und betriebsbereit angeschlossene Elektrogeräte untergebracht.

Arbeitsbereich

Trotz ihres sachlich modernen Stils ist diese Küche ein warmer, freundlicher Raum für die ganze Familie. Sie ist in vieler Hinsicht ein zeitgemäßes Beispiel für einen vielseitigen Raum, der nicht wie eine Küche anmutet. Während in einer klassischen, rustikalen Küche blanke Töpfe über dem Herd hängen, Geschirr in offenen Regalen zur Schau gestellt wird und der Teekessel scheinbar ständig dampft, wird hier die wahre Funktion versteckt. Den Bewohnern war es sehr wichtig, dass alles verstaut werden kann. Das Zubereiten von Essen schafft gewisse Unordnung – in dieser Küche ist sie rasch beseitigt. Sind die Schranktüren geschlossen, verrät nur der große Herd den eigentlichen Zweck des Raumes. Alle Utensilien haben ihren funktionsgerechten Platz hinter Türen. Sitzt die Familie gemütlich zum Reden oder Spielen am Tisch oder auf dem Sofa beisammen, muss niemand ständig Toaster, Wasserkocher oder Mixer ansehen. Besonders in einem turbulenten Alltag mit kleinen Kindern verlangt es einige Disziplin und Konsequenz, die Geräte jedes Mal aus dem Schrank zu holen, einzustecken und danach gleich wieder zu verstauen.

Aus diesem Grund wurde jeder Hochschrank zu einer separaten Kücheneinheit, in der sogar elektrische Anschlüsse eingebaut sind. Dadurch finden hier alle Geräte ihren festen Platz, wobei die Strom-

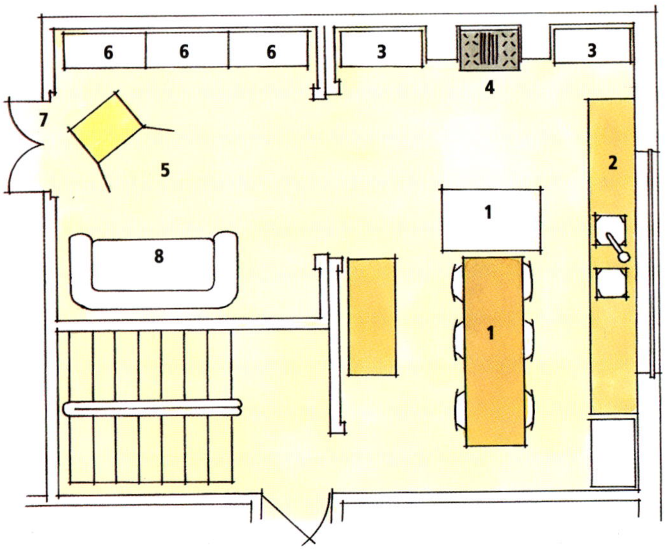

GRUNDRISS
(1) Tische auf Rollen können in gerader Linie oder über Eck zusammengestellt werden. (2) Zeile aus Küchen-Unterschränken mit Spüle. (3) Hochschränke für Vorräte mit ausziehbaren Abstellplatten und startbereiten Elektrogeräten. (4) Herd. (5) Spielbereich. (6) Passende Hochschränke für Spielzeuge, Bücher, Fernseher, Videorecorder und Stereoanlage. (7) Türen zum Garten. (8) Sofa.

Oben: Wenn man die Schranktüren öffnet, kommen Toaster, Mixer, Eiscreme-Maschine und Wasserkocher zum Vorschein. Alle Geräte sind betriebsbereit ans Stromnetz angeschlossen, darunter lässt sich jeweils eine praktische Abstellplatte herausziehen.

1

2

3

Oben: Oberhalb der Arbeitsflächen weist nichts auf eine Küche hin. Die schlichte Kombination von Weiß und Stahl ist zeitlos und unaufdringlich. Kühlschrank und Küchenschränke wurden mit identischen Griffen ausgestattet (1). Der Herd ist modern, er gibt dem Raum aber trotzdem eine einladende Atmosphäre (2). Die Doppelspüle aus Edelstahl ist auch zum Vorbereiten von Mahlzeiten praktisch (3).

stecker eingesteckt bleiben können. Beim Öffnen der Tür wird automatisch ein Regalbrett direkt unter den Elektrogeräten herauszogen, das als Abstellfläche für Schüsseln, Töpfe oder Pfannen dient. Ist der Toast geschmiert oder die Sahne geschlagen, muss nur noch der Teller oder die Schüssel weggenommen werden. Danach wird das Brett eingeschoben und die Türe geschlossen. Da alle Regalböden und Zwischenräume exakt ausgemessen sind, wird der Platz in den Schränken optimal ausgenutzt. Alle Dinge stehen dort, wo sie wirklich benötigt werden: Kaffee, Tee und Zucker beim Wasserkocher, Marmelade in der Nähe des Toasters und Gewürze direkt über dem Mixer.

Mit solchen gut durchdachten Schränken wird eine klassische

CHECKLISTE: KINDERTAUGLICHE KÜCHE

■ Ehe Sie Schränke bauen, überlegen Sie genau, was wo untergebracht werden soll. Eine Zeile aus gekauften Standardschränken ist nicht immer die beste Lösung. Vor allem Kindern fällt das Aufräumen leichter, wenn jedes Ding einen festen Platz hat.

■ Einlegeböden sollten höhenverstellbar sein. Wo heute große Kisten mit Bauklötzen stehen, müssen in wenigen Jahren Spiele, Bastelsachen, Bücher oder Videos untergebracht werden.

■ Zum Spielen brauchen Kinder vor allem Platz. Beschränken Sie darum die Möblierung auf ein Minimum.

■ Kabel und Elektrogeräte müssen unbedingt außerhalb der Reichweite kleiner Kinder bleiben. Die Geräte in den Hochschränken sind praktisch und zugleich ausgesprochen kindersicher. Eingebaute Deckenstrahler beleuchten den Raum. Auf Tisch- und Stehlampen, die umgeworfen werden könnten, wurde bewusst verzichtet. Ein Schutzgitter am Herd verhindert, dass kleine Kinder heiße Töpfe herunterziehen können.

■ Achten Sie auf pflegeleichte Oberflächen. Fußböden sollten Sie feucht wischen können. Praktisch sind auch abwaschbare Tapeten und waschbare Möbelbezüge.

1

Links: Stehen die beiden Tische über Eck, dient einer als Arbeitsfläche und der andere als Esstisch. Bei Bedarf können sie rasch zu einer langen Familientafel zusammengeschoben werden.

1 Auch die Stühle passen zum modernen Einrichtungsstil dieser Küche.

Einbauküche überflüssig. Spüle, Abtropffläche und Geschirrspülmaschine lassen sich allerdings beim besten Willen nicht in einem Schrank verstecken. Für diese Elemente wurde unter dem Fenster eine kurze Zeile aus Unterschränken eingebaut, die zusätzlich Stauraum bietet. Selbst diese Zeile wurde so unauffällig wie möglich gestaltet: Über der Edelstahl-Doppelspüle mit großer Abtropffläche fällt der schlichte, einarmige Wasserhahn kaum ins Auge.

Kühlschrank und Herd lassen sich ebenfalls nicht ohne weiteres verbergen. Aber auch diese beiden Geräte sind geschickt in das Gesamtkonzept des Raumes integriert worden. Die Einfassungen der Hochschränke bestehen aus Edelstahl. So wirkt die Küche insgesamt auf dezente Weise kühl, und die Stahlfronten von Kühlkombination und Herd fügen sich harmonisch ein.

Neben den großen Schränken sind die beiden Tische auf Rollen die wichtigsten Möbel dieser Küche. In Höhe und Breite sind beide

2 + 3 Hinter den Schranktüren werden die Spielsachen auf höhenverstellbaren Böden aufbewahrt. Da können auch kleine Kinder das Aufräumen leicht lernen. In den nächsten Jahren werden hier andere Spielzeuge, Bücher, Spiele und Videos ihren Platz finden. Fernseher, Videorecorder und Stereoanlage sind hinter diesen Türen vor dem Forscherdrang kleiner Kinder sicher.

Rechts: An einer Wand steht ein Sofa, die restliche Fläche bleibt frei, damit auch einmal die Eisenbahn oder das Puppenhaus aufgebaut werden kann. Die hellen Leinenvorhänge haben eine breite Blende aus dunkelbraunem Leinen im unteren Bereich – das macht sie unempfindlicher gegen Kinderhände voll Matsch oder Schokolade.

gleich, nur in der Länge unterscheiden sie sich. Meist stehen sie über Eck, so dass der kürzere als zusätzliche Arbeitsfläche genutzt werden kann und der längere als Familien-Esstisch dient. Wenn aber viele Gäste zum Essen kommen, werden die beiden Tische zu einer langen Tafel zusammengeschoben, die sich von der Küche bis in den Spielbereich hinzieht. Dann können sich bis zu 16 Personen zu einem vergnüglichen, gemeinsamen Essen versammeln.

Spielbereich

Vom Spielbereich des L-förmigen Raumes aus führt eine Doppelflügel-Türe direkt in den Garten. Werden sie im Sommer weit geöffnet, können die Kinder ungehindert hinaus und herein laufen und sind dabei trotzdem ständig unter Aufsicht.

Da dieser Teil des Raumes nicht sehr breit ist, wurde er bewusst sparsam möbliert. So haben die Kinder reichlich Platz und Bewegungsfreiheit. Auf dem Fußboden kann gespielt und gemalt werden, man kann eine Eisenbahn aufbauen oder mit einem Rutschauto herumfahren. Das Sofa lädt zum gemütlichen Fernsehen oder Vorlesen ein.

In diesem Teil des Raumes sorgen die hohen Schränke auch dann für Ordnung und Übersicht, wenn kleine Kinder viel Unruhe und Durcheinander verbreiten. Sie passen optisch perfekt zu den Küchenschränken, sind aber nicht identisch. Hier bestehen die Einfassungen aus weißem Holz, die Türfüllungen dagegen aus Edelstahl. In den unteren Fächern, an die auch Kinder leicht herankommen, wird Spielzeug aufbewahrt. Geschirr und Gläser stehen weiter oben, wo sie vor kleinen Händen sicher sind. Der Fernseher ist ebenfalls im Schrank verborgen. Mit Hilfe eines drehbaren Auszuges kann er ganz individuell ausgerichtet werden. Wenn er nicht benutzt wird, verschwindet er einfach hinter den Schranktüren.

C
A
D

Alt und neu – stilvoll angepasst

Diese Wohnküche im Landhausstil liegt im Anbau eines zweihundert Jahre alten Bauernhauses. Sie ist der geräumigste und meistbenutzte Raum des Hauses. Dieser Teil ist optisch eng am traditionellen Baustil des Hauptgebäudes orientiert. Alte Ziegel wurden verarbeitet, Fenster und Türen entsprechen dem traditionellen Vorbild. Trotzdem ist es eine zeitgemäße Küche für eine moderne Familie. Der Kompromiss zwischen traditionellem Baustil und modernem Lebensstil ist bestens gelungen.

Die ländliche Küche wirkt so ungezwungen und unkonventionell, weil die schlichten Blöcke aus Einbauelementen in Stil und Farbe ganz verschieden sind. Sehr originell sehen die Türen mit ausgesägten Herzen und Buchstaben aus. Die lebhaften Farben der Möbel wiederholen sich im Geschirr auf dem Tisch.

Grundidee

Obwohl die Küche in einem neuen Anbau liegt, war es den Bewohnern wichtig, dass sie zum Originalstil des Hauses passt. Die Küche sollte aber auch praktisch und zeitgemäß eingerichtet sein. Der Raum im Anbau ist größer als alle anderen Zimmer des Hauses. Das entspricht durchaus der Absicht der Besitzer, die das Haus durch einen wirklich großen Raum optisch offener gestalten wollten. Grenzen setzte die Baubehörde: Ein Anbau an einem alten Haus darf nur so groß sein, dass er die ursprünglichen Proportionen des Gebäudes nicht entstellt. Der gewonnene Raum sollte ausschließlich für die Wohnküche ausgenutzt werden.

Das Problem, den historischen Baustil mit einer modernen Kücheneinrichtung zu vereinbaren, lösten die Bewohner mit Bravour. Große Türen lassen sich im Sommer zum Garten hin öffnen. Anstelle normaler Glastüren, wurden hier Stalltüren verwendet, deren untere Hälfte aus Massivholz besteht, während die obere Hälfte verglast ist. So passen die neuen Fenster in der Größe zu den vorhandenen, und dennoch lässt sich der Raum nach außen öffnen.

Türbeschläge und Fenster wurden von Handwerkern nach Vorbildern aus dem alten Haus hergestellt. Wenn sie die ersten Ge-

GRUNDRISS
(1) Küchenherd. (2) Eingebaute Regale und Schränke. (3) Kleiderschrank mit eingebautem Kühlschrank. (4) Blaue Einbauschränke mit maßgeschneiderten Schubladen. (5) Unterschränke mit Spüle. (6) Regale mit Monogrammtüren. (7) Arbeitstisch. (8) Esstisch. (9) Türen zum Garten.

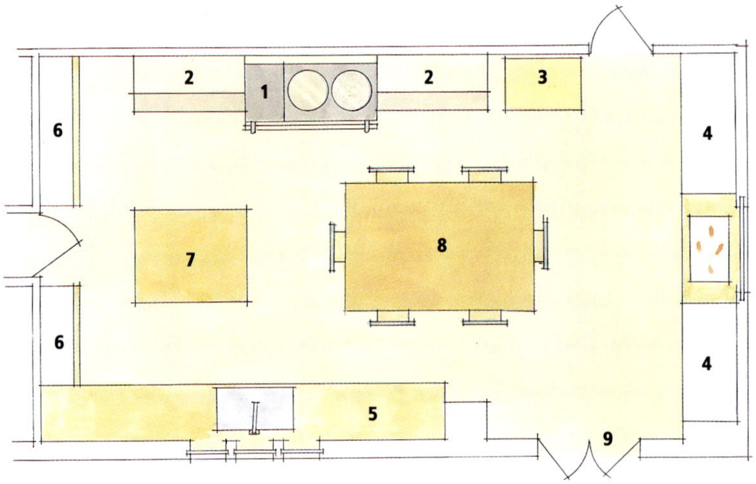

3

4

brauchsspuren bekommen haben, wird man nicht mehr unterscheiden können, welche Türen aus dem zwanzigsten Jahrhundert stammen und welche aus dem Achtzehnten. Spülmaschine, Mikrowelle und Mixer sind hinter Schranktüren versteckt, aber trotzdem leicht zugänglich.

Gekonnt versteckt

Maßgeschneiderte Einbaumöbel und frei stehende Schränke sind in dieser Küche kombiniert. Weil es wenig Nebengelasse gibt, muss in der Küche viel Stauraum vorhanden sein – dafür eignen sich Einbauschränke ideal. Die frei stehenden Möbel lassen den Raum lockerer und ungezwungener wirken. Die Fronten sind in ganz verschiedenen Farben gestrichen, aber die Töne sind so geschickt kombiniert, dass der Raum trotzdem nicht kunterbunt aussieht.

Der große Herd mit den vielen Töpfen und Pfannen gibt der Küche eine heimelige Atmosphäre. Die Pfannen hängen an einer seitlich angebrachten Stange, dort sind sie schnell zur Hand, wenn sie gebraucht werden. Die ungewöhnliche Aufteilung der Schränke erinnert an alte Küchenbüfetts: In Herdhöhe befinden sich Schubladen, darunter Türen, während die oberen Bereiche hauptsächlich aus offenen Regalen bestehen. Durch die schlichten Fronten wirkt die Kombination verschiedener Schranktypen kein bisschen zusammen-

1 Die Schubladen sind in übersichtliche Fächer aufgeteilt.

2 Regale mit unterschiedlich großen Fächern nutzen den Platz optimal.

3 Die Wand hinter dem Herd ist zum Schutz gegen Spritzer mit Acrylfarbe gestrichen. Das passt besser zum Stil der Küche als konventionelle Fliesen.

4 Alle Kochutensilien sind in Reichweite des Herdes untergebracht.

5 Das kräftige Pink bringt etwas freche Farbe in den sonst recht dezent gehaltenen Raum.

6 Die Schranktüren sind schlicht und stilgerecht dekoriert: mit ausgesägten Herzen und den Monogrammen der Familienmitglieder.

1

2

5

6

gewürfelt. Die Wand hinter dem Herd hat keinen Spritzschutz aus Fliesen, sie ist ganz einfach mit Acrylfarbe gestrichen. Die Farbe lässt sich problemlos abwischen, und wenn sie einmal zu viele Gebrauchsspuren hat, wird sie einfach wieder überstrichen. Der Herd und die ihn umgebenden Regale, Schubladen und Schränke wirken wie aus einem Guss – das Design ist sachlich und geometrisch. Ein limonengrün gestrichener Kleiderschrank erinnert an das Interieur eines romantischen Schlosses. Überraschenderweise sind hinter seinen verschnörkelten Türen ein moderner Kühlschrank, die Mikrowelle und reichlich Lebensmittelvorräte verborgen. Der Schrank nimmt durch seinen verträumt romantischen Stil der Küche etwas von ihrer nüchternen Arbeitsatmosphäre.

Die Spüle ist in einem weiteren Block aus Einbauschränken unter dem Fenster zum Garten eingelassen. Hier liegt das Hauptaugenmerk auf schlichter Funktionalität. In vielen Schubladen unterschiedlicher Größe lassen sich zahllose Utensilien verstauen und leicht wieder finden. In einer normalen Küche gibt es meist zwei oder drei Schubladen, die mit einem Sammelsurium aus Küchenwerkzeug voll gestopft sind. Sieben oder acht Schubladen sind viel übersichtlicher. Die Spülmaschine liegt direkt unter der Spüle, diskret versteckt hinter einer Schrankfront. Der gesamte Bereich ist in einem zarten Fliederton gestrichen. Die Arbeitsplatte aus massiver Buche ist mit Kanten aus Edelstahl eingefasst – eine sehr praktische Kombination von traditionellen und modernen Materialien.

Eine weitere Anrichte zieht sich an der vierten Wand entlang. Ihre Türen mit den Lüftungsschlitzen wurden nach altem Vorbild gebaut, in jede Tür sind zwei Herzen und das Monogramm eines Familienmitgliedes gesägt. Es gibt nur wenige auffällige Details in dieser Küche. Die unterschiedlichen Schranktypen reichen völlig aus, um den ländlichen Stil des übrigen Hauses konsequent zu wahren.

Der Fußboden ist mit einer strapazierfähigen cremeweißen Farbe gestrichen, die die Holzmaserung durchschimmern lässt. Er ist ebenso leicht zu reinigen wie Fliesen oder ein PVC-Belag.

Etwas farbliches Gespür ist nötig, damit die unterschiedlichen Töne von Flieder, Türkis, Grün und Pink sich harmonisch zusammenfügen. Wo so viele Farben den Raum bestimmen, sollte man mit dekorativen Details sparsam umgehen. So wirkt die Küche ordentlich und trotzdem einladend und familienfreundlich.

1 In den flachen, breiten Schubladen des Schrankes lässt sich viel verstauen und leicht wieder finden.

2 Alle Küchengeräte sind hinter den Türen der Einbauelemente und in den frei stehenden Schränken versteckt.

3 Die Idee für den originellen Kleiderschrank haben die Bewohner von einem Barockschrank in einer deutschen Bibliothek abgeschaut.

Rechts: Die Schrankaufteilung ist perfekt. Es gibt hohe Fächer für Frühstücksflocken, schmale Fächer findet man auf der Türinnenseite.

1

2

3

CHECKLISTE: LÄNDLICHE WOHNKÜCHE

■ Achten Sie auf bauliche Details. Die Städte sind überall auf der Welt gleich. Ländlichen Häusern sieht man jedoch meist ihr Alter und ihren ortstypischen Baustil an. Ziegel, Fenster, Dachpfannen und Türbeschläge sollen zum Stil der Gegend passen, statt einer aktuellen Mode zu folgen. Wenn frühere Besitzer etwas vom traditionellen Charme des Hauses „wegmodernisiert" haben, machen Sie sich die Mühe, es wiederherzustellen.

■ In einer ländlichen Küche kommt es auf die richtige Mischung an. Richten Sie den Raum nicht in einem einheitlichen Stil ein, sondern mixen Sie lieber verschiedene Stile und Farben, aber nicht übertreiben. Klare Farben und schlichte Formen lassen sich leichter kombinieren und passen zur Einfachheit des ländlichen Stils.

■ Es muss nicht alles versteckt sein, aber jedes Stück sollte seinen Platz haben – am besten in praktischer Reichweite, sonst wird die Küche leicht unübersichtlich. Offene Regale passen gut in eine Landhausküche – zu viel des Guten kann aber unordentlich und wirr aussehen.

Farbe

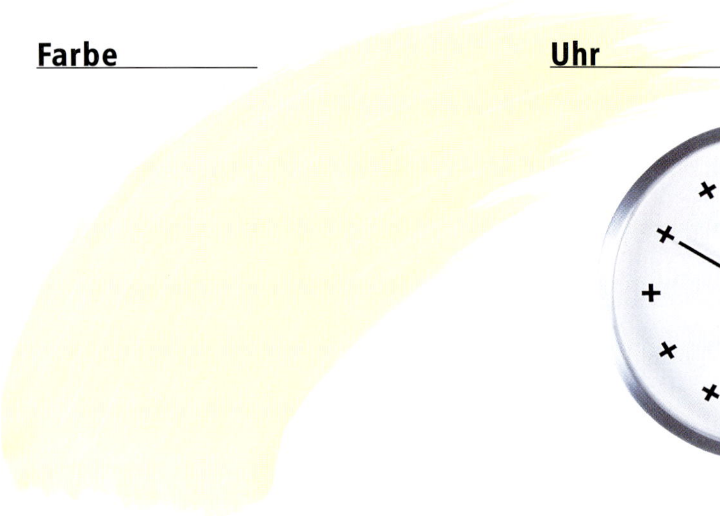

Uhr

Buntes Geschirr

Gasherd

Geschirr kann neutral oder farbenfroh sein. Das traditionelle Service ist nicht mehr in Mode, doch eine harmonische Farbgestaltung, die Details einschließt, gibt der Küche eine geschlossene Optik. Stahlfronten sind echte Klassiker und entsprechen dem aktuellen Trend zum Design von Profiküchen.

Moderner Esstisch

Schöne Schalen

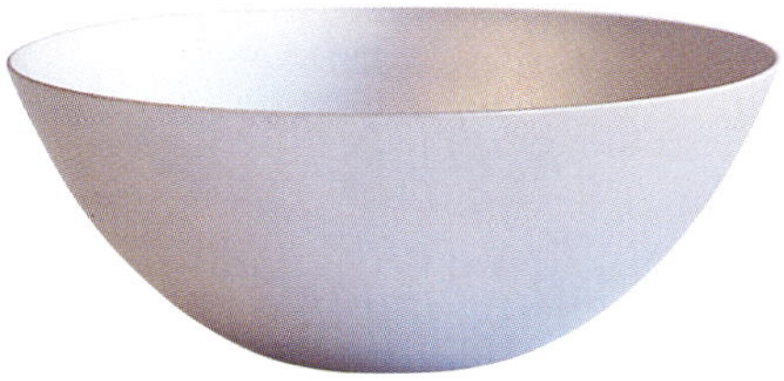

Praktische Dinge

Anrichte

Tische, Büfetts und andere Holzmöbel schaffen eine warme, behagliche Atmosphäre. Pfannen, Kessel und weitere Gebrauchsgegenstände sollte man nach praktischen, aber auch nach dekorativen Gesichtspunkten auswählen. Die Kombination von modernem und traditionellem Design kann sehr stimmig aussehen, wenn alle Elemente schlicht bleiben.

Küchenbarhocker

Gestreifte Teppiche

Sammelbehälter aus Holz

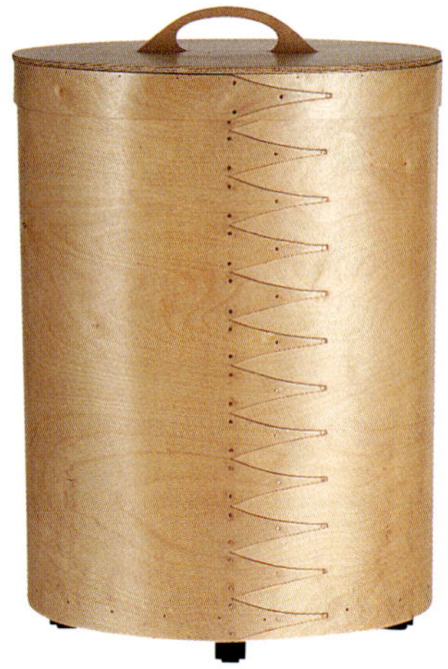

In einer Wohnküche treffen harte und weiche Oberflächen aufeinander: Glas und Wolle, Holz und Baumwolle, Stahl und Frottee. Wenn die Kontraste nicht zu stark werden, können sie eine interessante optische Spannung erzeugen. Holz, Glas, Metall und Keramik haben attraktive Oberflächen, sie wirken jedoch in Verbindung mit gewebten Materialien weicher.

Gläser

Griffbereit aufgehängt

Hängelampen

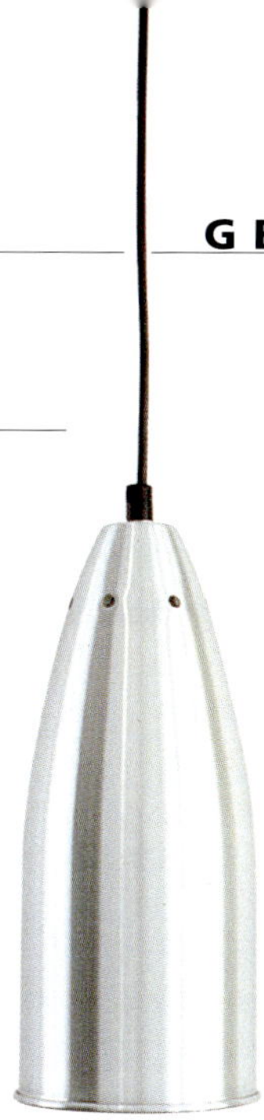

Vorhangstangen

Gemüseetagere

Wer in der Küche isst, sollte für den Alltagsgebrauch schönes Geschirr, Besteck und Gläser anschaffen. Auch die Beleuchtung ist wichtig: Die Lichter über dem Arbeits- und dem Essbereich sollten separate Schaltmöglichkeiten haben. In der Küche braucht man helles Arbeitslicht, für den Tisch sind Hängelampen oder Kerzen ideal.

Kunterbunte Becher

Besteck

Durchbruch zum

Freiraum

Eine Wohnung ohne Wände ist der Inbegriff multifunktionalen Wohnens – dieser Stil ist in jüngerer Zeit wieder in Mode gekommen. Die Vorteile sind, dass Platz und Licht besser ausgenutzt werden können. Ein Nachteil kann der Mangel an Privatsphäre sein, besonders im Hinblick auf Geräusche, Fernseher und Radio. Manche Gebäude – ironischerweise die sehr großen wie auch die ganz kleinen – lassen sich besser in diesem offenen Stil einrichten, ganz oder teilweise ohne Wände, die die Fläche in konventionelle Zimmer aufteilen. Lofts, also zu Wohnungen umfunktionierte ehemalige Fabriketagen oder Lagerhäuser, faszinieren durch ihre enorme Größe. Würde man Wände ziehen, ginge viel Licht verloren. Andererseits können kleine Häuser, die aus drei oder vier winzigen Kammern bestehen, erheblich gewinnen, wenn man die Wände einreißt und einen luftigen Allzweckraum schafft. Solche baulichen Eingriffe sollten Sie aber niemals ohne den Rat eines kompetenten Architekten, Bauingenieurs oder Statikers wagen. Tragende Wände dürfen nicht einfach entfernt werden, ohne dass ausreichend dimensionierte Stahlträger eingezogen werden.

Wenn Sie eine offene Wohnung planen, so legen Sie von Anfang an großen Wert auf viel Stauraum. Probieren Sie spielerisch verschiedene Einrichtungsvarianten aus, bis Sie die optimale Raumausnutzung gefunden haben.

Wohnen im Loft: Platz für alle

Lofts, ausgebaute ehemalige Fabriketagen oder Lagerräume, sind zum Inbegriff zeitgemäßen Wohnens geworden. Dieses Beispiel zeigt, dass ein Loft nicht nur etwas für allein stehende junge Leute ist. In dieser ausgedehnten Großraum-Wohnung wird gearbeitet, gegessen, gespielt und sich entspannt, selbst Geschäfte werden hier abgewickelt. Das Geheimnis besteht in einigen wenigen großen Möbelstücken, die leicht zu bewegen sind. Ein großer begehbarer Schrank sorgt für den nötigen Stauraum.

Dezente Farben sind günstig für Vielzweckräume. Vor dem neutralen Hintergrund kommen die blauen Sofas optimal zur Geltung.

Das weiße Geschirr in den offenen Küchenregalen wirkt angenehm unaufdringlich.

Überblick

Diese Familie ist typisch für unser Jahrhundert. Ein Elternteil, manchmal auch beide, sind tagsüber beruflich engagiert. Sie sind in der Designbranche beschäftigt; der Bau von Prototypen, Verwaltungsaufgaben und Präsentationen gehören zu ihrem Geschäft. Kinder aus einer früheren Ehe verbringen einen Teil der Woche hier. Die Familie ist sehr gesellig. Der Platz, obwohl reichlich vorhanden, wird voll ausgenutzt. An den Wochenenden und in den Abendstunden wird hier gespielt oder sich unterhalten, tagsüber dagegen wird er für berufliche Arbeiten gebraucht. Der Wechsel von einer Funktion zur anderen ist unproblematisch. Spielzeug, Spiele oder Geschirr sind schnell verstaut, Videogerät, Zeichenbrett und Papier ebenso schnell hervorgeholt. Die Sofas werden für Geschäftsbesprechungen und zum Fernsehen benutzt, der große Tisch eignet sich für ein Essen mit der ganzen Familie oder auch für eine Kon-

Oben: Um die leichte und luftige Atmosphäre des Raumes zu erhalten, stehen die niedrigen Schränke nicht auf dem Boden, sondern wurden an der Trennwand aufgehängt. Die geradlinige Rechteckform des Grundrisses wiederholt sich im Raumteiler und den Schränken. Dadurch wirkt der Raum schlicht und klar.

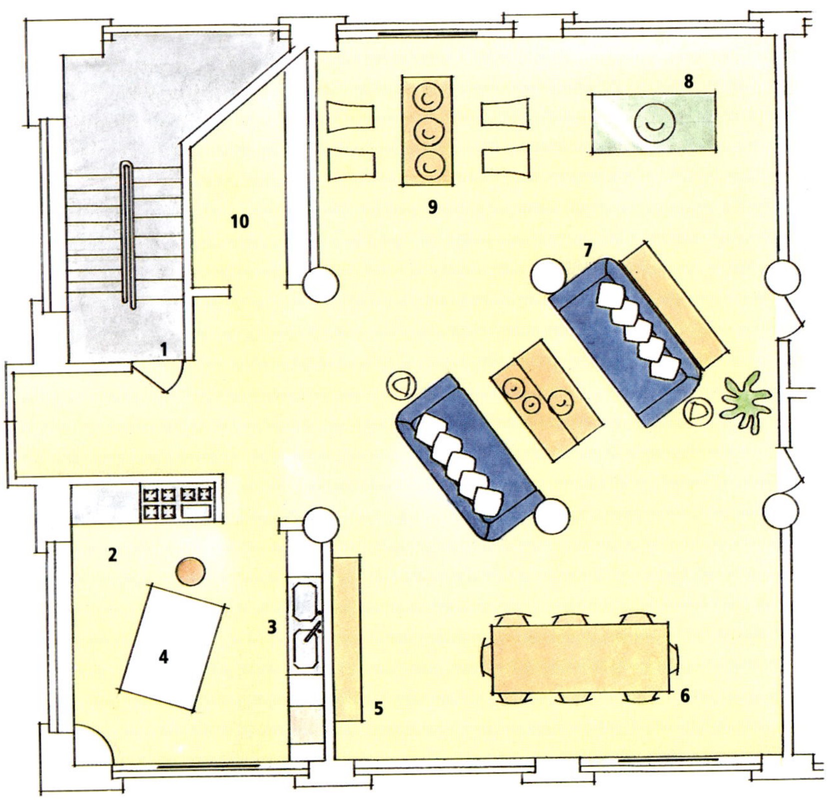

GRUNDRISS

(1) Vom Eingangsbereich an der Treppe ist die Küche (2) leicht zu erreichen. Eine kurze Küchenzeile (3) beherbergt die Spüle und bietet Arbeitsfläche. Ein beweglicher zentraler Küchenblock (4) sorgt für größtmögliche Flexibilität. Im Essbereich sind die Vitrinen (5) an der halbhohen Trennwand aufgehängt. Der Esstisch (6) steht in praktischer Nähe. Es gibt eine „Wohnzone" (7), einen Arbeitstisch (8) und eine kleine Konferenzecke (9). Ein begehbarer Schrank (10) sorgt dafür, dass in dem luftigen Raum nichts Unnötiges herumstehen muss.

Oben rechts: Der Blick aus der Küche in den Wohnbereich.

1 Es ist nicht leicht, richtig dimensionierte Möbel für einen unkonventionellen Raum zu finden.

2 Glasregale vor einem Fenster lassen viel Licht durch und schaffen doch Platz für Transparentes.

3 Der Küchenblock aus Unterschränken mit Arbeitsplatte ist fahrbar.

4 Der Kühlschrank mit Edelstahlfront und das Stahlregal geben der Küche ein edles, kühles Flair.

ferenz mit 12 Personen. Großzügige Vorräte an Geschirr, Gläsern und anderen Küchenutensilien sind in Hängeschränken und offenen Regalen verstaut. Im Wohnbereich lässt sich in aufgehängten Einbauschränken vielerlei unterbringen. Weiterer Stauraum befindet sich im begehbaren Schrank neben der Treppe.

Grenzen ziehen

Selbst in einem großen, offenen Raum müssen einige Bereiche abgetrennt werden. Dafür können feste oder auch flexible Raumteiler eingesetzt werden. Decken oder halbhohe Mauern sind ebenso denkbar wie Vorhänge, Jalousien, Paravents oder Regalwände. Selbst Möbelstücke können eine Demarkationslinie bilden, die gleichzeitig den Zweck eines bestimmten Bereiches definiert. Man sollte solche Raumteiler als unvollständige Wände verstehen, die zwar kein Licht aussperren, aber hervorragend als Hintergrund für Möbel dienen können.

Wenn Sie überlegen, wie viele Raumteiler nötig sind und wo sie platziert werden sollen, setzen Sie Prioritäten. Was ist Ihnen wichtiger: Tätigkeiten wie Kochen und Abwaschen zu verstecken – oder das Licht frei fluten zu lassen? Wie viel Stauraum benötigen Sie? Schränke und Regale, als selbständige Raumteiler eingesetzt oder vor halbhohe Wände gestellt, sind ungemein praktisch. Wie viel Platz ist auf jeder Seite des Raumteilers nötig? In diesem Loft haben sich die Bewohner für eine schulterhohe Wand zwischen Wohnraum und Küche entschieden. Dadurch dringt das Licht durch den ganzen Raum. Der Koch oder die Köchin kann sich während der Hausarbeit mit den Familienmitgliedern im Wohnraum unterhalten, und die typische Unordnung einer Küche ist trotzdem vor den Blicken abgeschirmt. Man kann ruhig einmal den Abwasch stehen lassen, ohne ihn ständig vor Augen zu haben.

Küche

Die meisten Restaurantküchen beweisen, dass eine Küche nicht groß sein muss. Überlegen Sie schon in der Planungsphase genau, wie Sie leben und Ihre Küche nutzen wollen. Den vorhandenen Platz mit möglichst vielen Einbauschränken vollzubauen ist nicht unbedingt die beste Lösung.

Zuerst muss die Lage der Küche festgelegt werden. Günstig ist, sie nahe am Eingang einzurichten, so dass Einkäufe problemlos abgeladen werden können. Wichtig ist auch ein einfacher Zugang zum Essbereich, sonst müssen Sie täglich Schüsseln und Teller durch die halbe Wohnung tragen. Die Küche in diesem Beispiel erfüllt beide Anforderungen.

Liegen innerhalb der Küche Herd und Arbeitsflächen nahe beisammen, bleiben Ihnen auch bei der Zubereitung des Essens lange Wege erspart. Statt möglichst viel Arbeitsfläche vorzusehen ist es praktischer, bestimmte Arbeitsbereiche einzurichten: einen Nass-, Schneide- und Servierbereich. Überlegen Sie, wie viel Platz für jeden dieser Bereiche mindestens eingeplant werden muss. Je nach Ihren Essgewohnheiten könnten auch Bereiche kombiniert werden. In unserem Beispiel gibt es eine Küchenzeile entlang der Trennwand, Spüle und Schneidezone liegen nebeneinander. Zusätzliche Fläche bietet der mobile Küchenblock aus sechs miteinander verschraubten Unterschränken auf Rädern. Hier können Speisen vorbereitet und zum Servieren bereitgestellt werden. Der selbst gebaute Küchenblock aus sechs Unterschränken ist wesentlich geräumiger als die handelsüblichen Modelle. Er ist auf feststellbaren Rädern montiert, wie man sie von Krankenhausbetten kennt. Wird einmal mehr Platz benötigt, löst man die Arretierung der Räder und schiebt den Block an eine Wand.

Interessant ist, wie in dieser Küche zusätzlicher Stauraum geschaffen wurde. Die Küche liegt in der Ecke, die einzige Wand wird von Herd und Kühlschrank eingenommen. Zwischen den beiden Fenstern ist gerade Platz für ein Eckregal. Darum hängten die Bewohner Glasregale vor die Fenster, auf denen Gläser aufbewahrt werden können, ohne dass Licht verloren geht. Der einzige Nachteil ist, dass die Gläser leichter einstauben als in geschlossenen Schränken.

Wohnbereich

Ein großer Tisch bildet das Herzstück der Wohnung. Er liegt praktischerweise gleich neben der Küche und wird für die täglichen Mahlzeiten, zum Arbeiten und Beisammensitzen benutzt. In einem so großen Raum sind große Möbel am vielseitigsten. Ein kleiner Schreibtisch und ein kleiner Esstisch würden viel weniger Nutzungsmöglichkeiten bieten.

Große Möbel sehen nicht nur großzügig aus, sondern sind auch bequem, und sie harmonieren besser mit den Proportionen des Raumes. Selbst wenn viele kleine Möbel in einem großen Raum stehen, wirkt dieser oft leer und die einzelnen Möbelstücke stehen seltsam verloren da. Riesige Sofas sind für einen oder zwei Benutzer ein bequemer Luxus und bieten auch reichlich Platz für viele Besucher.

Einzelne große Möbelstücke können eine tragende Rolle in der Farbgestaltung übernehmen. In großen Räumen gibt es nur wenige Wände, die gestrichen oder auf andere Weise dekoriert werden könnten. Die Atmosphäre wird also durch die Möbel geschaffen. Hier bilden zwei gewaltige blaue Sofas den Blickfang im Raum. Ein Problem stellte sich aber bei der Suche nach einem Couchtisch in passender Größe. Die Lösung besteht in zwei gleichen Tischen, die nebeneinander gestellt wurden. Dieser Trick lässt sich auch für andere Möbel, etwa Schubladenschränkchen oder Standregale, anwenden, wenn Sie keine Exemplare in passender Größe finden.

CHECKLISTE: LOFTS UND GROSSE RÄUME

■ Möbel, Beschläge und Dekorationen dürfen nicht zu klein sein, sonst wirken sie in so riesigen Räumen mit sichtbarem Mauerwerk und hohen Decken wie Spielzeug.

■ Alte Lager und ähnliche Räume sind sehr groß. Unterteilt man sie in mehrere Zimmer, geht viel Licht verloren. Reichen Trennwände nur knapp bis zur Decke oder enden in halber Höhe, schirmen sie Privatbereiche ab und lassen trotzdem Licht herein.

■ Wer viel Platz hat, kann z.B. in der Küche Möbel und Geräte aus der Gastronomie verwenden, die häufig auf Auktionen sehr preiswert angeboten werden. Auch andere große Möbel sind „second hand" günstig zu finden.

■ Bedenken Sie, dass die meisten Handwerker wenig Erfahrung mit dem Ausbau gewerblicher Objekte haben. Wenn Sie hören: „Das geht nicht!", so fragen Sie ruhig noch bei anderen Betrieben nach.

■ Es kann teuer werden, die großen Wand- und Bodenflächen ansprechend zu gestalten. Fassen Sie preiswerte Möglichkeiten wie Beton und Sperrholz ins Auge. Auch solche Materialien können gestrichen, lackiert oder versiegelt werden.

Platznot macht erfinderisch

Wie aus vier winzigen, düsteren Räumen ein geräumiges, lichtdurchflutetes Studio werden kann, beweist der Architekt Jason Cooper. Alle Trennwände wurden herausgebrochen. Die Badewanne verbirgt sich unter einem verschiebbaren Bett. Geräumige Schubladen in den Stufen schaffen reichlich Stauraum, selbst ein großer Schreibtisch fand noch Platz. Dieses Studio steckt voll fantastischer Ideen für kleine Wohnungen.

Weiße Wände und honigfarbenes Holz reflektieren das Licht und lassen das Studio hell und transparent wirken. Gekonnte architektonische Details wie gemauerte Trennwände mit integrierten Bücherregalen sprechen als Dekoration für sich. Die Wände der Küche sind nicht gekachelt, sondern weiß gestrichen. So werden sie optimal ins Gesamtbild eingebunden.

Alles im Griff

Dieses Studio bestand ursprünglich aus vier düsteren, hohen und engen Räumen. Nachdem die Wände herausgerissen worden waren, konnte das Licht durch den ganzen Raum fluten. Zwar ist die Wohnung immer noch klein, aber jetzt bietet sie flexibel Platz für alle Lebensbedürfnisse: Besuch von Freunden, Arbeiten, Kochen, Essen und Baden. Außer der Toilette befindet sich alles in dem einzigen Raum. Eine Ecke nimmt die L-förmige Küchenzeile ein. Gleich nebenan bilden Esstisch und Sofa den Wohnbereich. Von dort aus führen einige Stufen in den erhöhten, hinteren Teil der Wohnung mit dem Bett, der Badewanne und dem Arbeitsplatz. Vom Wohnbereich aus ist das Bett nicht gleich zu sehen. Es wird von einer halbhohen Wand abgeschirmt, in die auf einer Seite Bücherregale, auf der anderen Seite der Schreibtisch fest eingebaut sind. Der Clou in diesem Studio ist das große Bett, das sich ganz leicht zur Seite schieben lässt und dann die darunter liegende Badewanne freigibt. Der einzig separate Raum ist eine ehemalige Abseite im Flur, in die Toilette und Waschmaschine eingebaut wurden. Alle Wände sind weiß gestrichen. Das ist in einem so vielfältig benutzten Raum praktisch, weil das Renovieren keinen großen Aufwand bedeutet.

Oben: Hinter dem Sofa liegt ein gemauertes Bücherregal. Die halbhohe Mauer versteckt den Schreibtisch auf der anderen Seite.

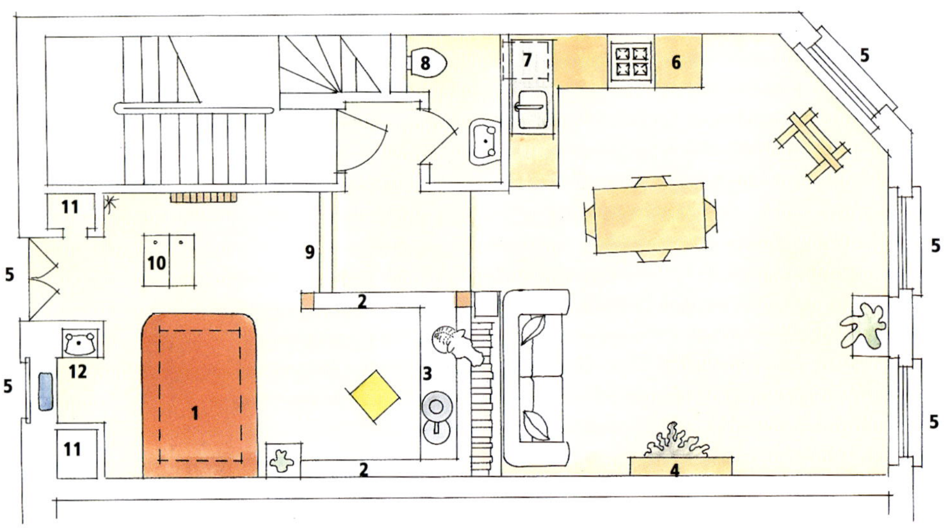

GRUNDRISS

(1) Bett mit versenkter Badewanne. (2) Bücherregale. (3) Schreibtisch. (4) Kamin. (5) Fenster. (6) Küchenzeile mit (7) Abtropffläche über der von hier aus unsichtbaren Waschmaschine. (8) Toilette im separaten Raum, gegenüber die Waschmaschinentür. (9) Schubladen in den Stufen. (10) Klappe zum Stauraum unter dem Podest. (11) Schränke neben den Fenstern. (12) Waschbecken seitlich vom Fenster.

1

2

3

1 Das Bücherregal in der Trennwand nutzt den Platz geschickt aus.

2 In der ehemaligen Abseite auf dem Treppenabsatz sind Toilette (nicht im Bild) und Waschmaschine untergebracht.

3 Große, flache Schubladen lassen sich aus den Stufen herausziehen. Hier sind Zeichnungen darin untergebracht. Besteck, Büromaterial und andere Utensilien lassen sich ebenso darin verstauen.

Oben und rechts: Horizontale Linien herrschen in dieser Wohnung vor – im erhöhten Podest, in den eingebauten Bücherregalen und sogar in den Bambusrollos. Sie lassen den Raum – ebenso wie die rechteckige Fläche, die durch die halbhohe Trennwand gebildet wird – größer erscheinen. Die langen Bügelgriffe der Küchenschränke und die weiß gestrichenen Stirnseiten der Stufen greifen das horizontale Schema auf. Ein abnehmbarer Metallstreifen schafft einen sauberen Anschluss zwischen Arbeitsplatte und Wand.

CHECKLISTE: STUDIOS UND KLEINE RÄUME

■ Erst planen, dann kaufen! Schreiben Sie eine Nutzliste, die Ihre Wohnung erfüllen soll, z.B. Geselligkeit, Essen, Kochen, Fernsehen, Arbeiten. Zeichnen Sie dann einen maßstabsgetreuen Grundriss und markieren Sie die einzelnen Bereiche. Probieren Sie mehrere Möglichkeiten aus.

■ Notieren Sie alles, wofür Stauraum benötigt wird. Denken Sie auch an Kleider, Bücher und große Teile wie Koffer, Küchenutensilien, Geschirr, Putzmittel, Handtücher, Büromaterial und Sportsachen.

■ Vor dem Möbelkauf genau Maß nehmen. Durch maßgeschneiderte Einbaumöbel kann man viel Platz sparen. Praktisch sind Truhenbänke oder Hochbetten, unter denen der Arbeitsplatz eingerichtet werden kann.

■ Nutzen Sie die Höhe aus. Sie sparen Stellfläche für Möbel, wenn Lampen, Regale, Hakenleisten, Hängeschränke und Bettkonsolen an den Wänden befestigt werden. Auch der Platz über Türen und auf Schränken ist wertvoller Stauraum.

■ Schränke mit Korpus und Türen brauchen mehr Platz als offene Regale. Nutzen Sie jeden Zentimeter optimal aus, indem Sie die Abstände zwischen den Regalböden variieren.

■ Keine Angst vor großen Stücken. Ein großes Sofa ist bequemer und braucht weniger Platz als zwei kleine.

Oben: Einladung zum Bad – das Bett wurde vor den Schreibtisch geschoben.

Schlafen, baden, arbeiten

In diesem Studio wohnt man nie beengt. Beim Baden fühlt man sich wie in einem riesigen Badezimmer, in der Nacht wird das Studio zum behaglichen Schlafzimmer und wenn der Bewohner am Schreibtisch sitzt, ist es ein geräumiges Heimbüro. Die drei Funktionen sind miteinander verwoben: Zum Baden wird das Bett einfach vor den Schreibtisch geschoben.

Das Bett läuft auf Rollen. Zusätzlich sind Schubladen eingebaut, die eine Kommode für Bettwäsche und Handtücher überflüssig machen. Auch Nachtschränke sind nicht nötig. Auf den Konsolen an der Wand finden ein Buch, ein Glas Wasser und ein Wecker Platz.

1 **Waschbecken, Spiegel und ein Schrank fanden zwischen den Fenstern Platz. Weil das Becken nicht zum Raum hin, sondern seitlich eingebaut wurde, fällt es viel weniger ins Auge.**

2 **Die Einbauschränke lassen die Fenster optisch zurücktreten, was sehr reizvoll aussieht. Die Bambusrollos brauchen wenig Platz, ihre Struktur greift das Motiv der horizontalen Linien auf.**

3 **Koffer und andere große Gegenstände kann man unter dem Fußboden verstauen, wenn man eine unauffällige Klappe in den Holzdielen öffnet.**

4 **Der Arbeitsplatz. Der Schreibtisch liegt tiefer als die Oberkante der Trennwand – so sehen Besucher nicht gleich alle Papiere und Bücher. Andererseits kann auch nichts vom Schreitisch rutschen und auf das Sofa jenseits der Wand fallen.**

Sie sind hoch genug angebracht, so dass das Bett problemlos verschoben werden kann.

Darüber sind die Leselampen befestigt. Auch wenn Sie nicht vorhaben, eine Badewanne unter dem Bett zu versenken, solche Tricks sind für alle kleinen Schlafzimmer praktisch. Der Bereich unter dem Podest ist in jedem Fall als zusätzlicher Stauraum praktisch. Selbst wenn der Platz zwischen Fußboden und Decke ausreicht, gewinnt der Raum durch den angehobenen Fußboden beträchtlich. Erstens grenzt er die Wohnbereiche klarer ab. Zweitens korrigiert er die Proportionen in dieser Wohnung mit den auffallend hohen Decken und verbreitert somit den Raum optisch. Drittens lässt sich durch die unauffälligen Klappen allerlei unter dem Dielenfußboden verstauen.

Auch um die Fenster herum wurde Stauraum geschaffen, was ihnen optisch gut bekommt. Ein Waschbecken mit einem kleinen Unterschrank wurde am Pfeiler zwischen den Fenstern befestigt, die Schränke rechts und links beherbergen Boiler und Kleidung. Durch maßgeschneiderte Einbauten wird jeder Zentimeter Wandfläche optimal genutzt.

Unter dem Schreibtisch im Arbeitsbereich ist Platz für einen Container mit zwei Auszügen für Akten, daneben füllen Regale die Wände. Auch in die Trennwand zwischen Wohn- und Ruhebereich sind Regale eingebaut. So erfüllen diese halbhohen Wände einen doppelten Zweck.

Kochen, essen, wohnen

Küche, Ess- und Wohnbereich sind nicht klar voneinander getrennt – dafür reicht der Platz nicht aus –, deshalb muss die Küche so wohnlich wie möglich aussehen. Hier wurden schlichte, moderne Küchenmöbel verwendet. Die Fronten und die Arbeitsfläche bestehen, wie der Fußboden des Raumes, aus hellem Buchenholz. Durch die Anordnung der Küchenschränke wird die horizontale Linienführung betont; deshalb wurden auch lang gezogene Bügelgriffe gewählt. Die Stirnseite der Sockel ist wie die Wände weiß gestrichen.

Der Wohnbereich blieb relativ leer, damit der Raum nicht überfüllt wirkt. Der Tisch kann als zusätzliche Arbeitsfläche genutzt werden. Außer dem großen, bequemen Sofa vor der Trennwand und einem Bänkchen mit dem Fernseher sind keine weiteren Möbel nötig.

Farbe

Flexible Möbel

Geschwungene Linien

Offene Räume verlangen den Möbeln ein großes Maß an Flexibilität ab. Selbst in einem riesigen Zimmer ist ein starres Einrichtungskonzept kaum zu verwirklichen. Tische, Sofas und Schränke, die sich nach Bedarf zusammenschieben lassen, passen sich flexibel den Bedürfnissen an. Praktisch sind auch Raumteiler aus Regalen oder Schränken.

Wandlampen

Moderne Regale

Ausziehbare Tische

Zerlegbare Möbel

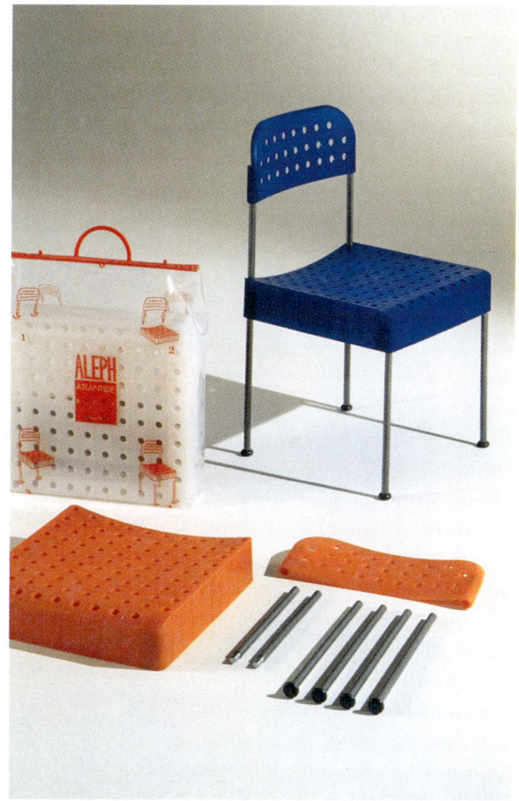

Couchtisch auf Rollen

Möbel auf Rollen, Möbel zum Zerlegen, Zusammenklappen oder Ausziehen: das sind ideale Lösungen für Wohnungen ohne Wände. Auf die richtigen Proportionen kommt es an. Große Räume brauchen große Möbel. Aber auch in kleinen Räumen vermeiden Sie einen Puppenstubeneffekt, wenn Sie einzelne markante Stücke optisch gut in Szene setzen.

Heizkörper in allen Farben

Sitzelemente

Mobile Möbel

Manche Elementmöbel sind so konzipiert, dass man sie in großen Räumen fast endlos anbauen kann. Aber auch mit normalen Möbeln ist so ein Baukasteneffekt möglich. Je nach Nutzung des Raumes sind immer andere Varianten denkbar, vor allem, wenn die Möbel leicht und handlich sind oder Rollen haben.

Tische reihenweise

Senkrechte Lagerregale

Lebhafte Farben und Muster

Klassische Formen

Nutzen Sie in offenen Wohnungen die Raumhöhe aus. Vor allem in kleinen Wohnungen gewinnen Sie so viel Platz. In großen Räumen dagegen bringen vertikale Elemente die Proportionen ins rechte Lot. Mit Regalen aller Art, frei stehend oder an den Wänden fixiert, schaffen Sie zudem Stauraum.

Stühle zum Stapeln

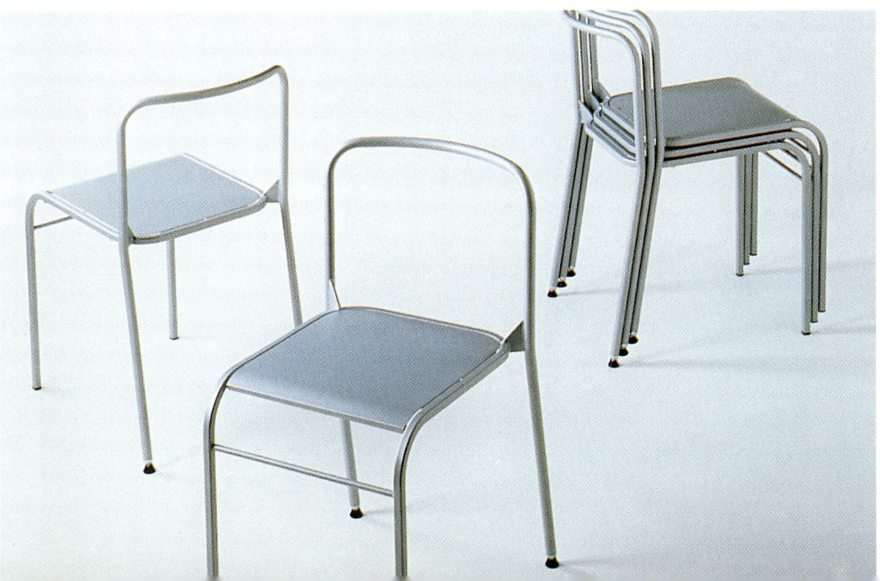

Der Beruf hält

Einzug

Der Trend geht immer mehr hin zum Arbeitsplatz zu Hause. Fortschritte in der Telekommunikation erlösen viele Menschen von einem anstrengenden Pendlerdasein. Andererseits wird dafür Platz in der privaten Wohnung beansprucht. Für viele heißt das, Räume doppelt zu nutzen. Hierfür bieten sich selten gebrauchte Räume wie ein separates Esszimmer oder ein Gästezimmer an. Ein Arbeitsplatz im Schlafzimmer ist jedoch ungünstig. Psychologen warnen davor, weil dadurch das Abschalten erschwert wird, was zu Schlafschwierigkeiten führen kann.

Das Geheimnis des Erfolges ist der Stauraum. Ist er geschickt organisiert, lässt sich ein Zimmer nach Bedarf verwandeln und die Büroatmosphäre nimmt nicht überhand.

Wenn Sie überlegen, in welchem Raum der Arbeitsplatz untergebracht werden soll, stellen Sie sich einige Fragen. Wer wohnt in dem Haus? Niemand kann beispielsweise effizient arbeiten, wenn Babys oder Kleinkinder in der Nähe sind. Hier ist eine gut schließende Tür wichtig. Wenn Sie schlecht in Großraumbüros arbeiten können, machen Sie nicht den Fehler, in einer Loft-Wohnung am Küchentisch arbeiten zu wollen. Vor allem übersehen Sie nicht den Unterschied zwischen einer von zu Hause aus geführten Firma und einem Einzelarbeitsplatz. Kommen häufig Kollegen und Klienten ins Haus, kann sich das sehr negativ auf das Familienleben auswirken.

Esszimmer: feste arbeiten – Feste feiern

In diesem Esszimmer können sich am Abend acht Personen um den Tisch versammeln. Am Tage dient der Raum jedoch als funktionales Büro. Hinter den Türen der schlanken Einbauschränke in den Ecken verbergen sich Computer, Drucker, Akten und Ablagekästen. Unter dem Computer lässt sich eine zusätzliche Platte herausziehen. Der Esstisch wird zur Ablagefläche für Papiere, Akten und Dokumente umfunktioniert.

Zwei identische Einbauschränke machen aus dem Esszimmer ein Heimbüro. Auf halber Höhe wird eine Platte ausgezogen, die groß genug für einen Laptop oder kleinen PC mit Tastatur ist. In den Fächern darüber und darunter haben Drucker, Computerzubehör, Akten und Papiere Platz. Im anderen Schrank sind noch Gläser, Geschirr und Besteck verstaut.

CHECKLISTE: BÜRO IM ESSZIMMER

■ **Gönnen Sie sich für den Arbeitsplatz einen guten Bürostuhl auf leicht gehenden Rollen. Sitz und Rückenlehne sollten verstellbar sein, auch verstellbare Armlehnen sind kein Luxus. Esstischstühle sind nicht sehr ergonomisch und auf die Dauer zum Arbeiten ungeeignet.**

■ **Ihr Computer sollte genau vor Ihnen stehen, damit Sie nicht ständig verdreht sitzen müssen. Der Bildschirm hat die richtige Höhe, wenn seine Oberkante in Höhe Ihrer Augen liegt.**

■ **Sind genug Steckdosen vorhanden? Falls Sie die Kabel verstecken wollen, müssen Sie Löcher z. B. in die Schrankrückwand bohren. Auch Lüftungslöcher sind wichtig – elektrische Geräte werden heiß! Antike Möbel umzubauen wäre schade, weil sie viel von ihrem Wert einbüßen.**

■ **Um den Platzbedarf richtig einzuschätzen, notieren Sie eine Woche lang alle Dinge, die Sie benutzen: Zeitschriften, Stifte, Büromaterial, Bücher. Was Sie häufig benötigen, sollte in Reichweite stehen. Mit Schachteln, Ablagekörben und Sortierkästen nutzen Sie jeden Zentimeter aus.**

■ **Wenn Sie viel telefonieren, hilft eine Freisprecheinrichtung, um Verspannungen im Nacken zu vermeiden.**

Konzept

Dieser Raum hat drei Funktionen: zunächst die einer Hausdiele, dann eines konventionellen Esszimmers – wenn Gäste kommen – und eines Büros einer arbeitenden Mutter und gut beschäftigten Stylistin. Am Morgen legt der Briefträger die Post auf den Tisch. Dann wird der rechte Schrank geöffnet – Computer, Drucker und Akten kommen zum Vorschein. Jetzt kann die Korrespondenz erledigt, sortiert und abgelegt werden. Briefe und andere Texte werden auf den Computer geschrieben, Rechnungen und Notizen haben Platz in den Regalen. An diesem Arbeitsplatz wird nur die nötige Verwaltungsarbeit erledigt, darum ist weniger Stauraum nötig als in einem ganztags genutzten Büro. Ist die Arbeit getan, benötigt man nur wenige Minuten, um Papier abzuheften, die Arbeitsplatte einzuschieben und die Schranktüren zu schließen. Dann kann der Tisch für ein Essen mit Gästen gedeckt werden. Weil nicht jeden Tag Besuch kommt, isst die Familie meist in der Wohnküche im ersten Stock. Dieser kompakte Arbeitsplatz lässt sich aber so leicht verstecken, dass das Esszimmer nie unaufgeräumt aussieht.

Möbel

Den meisten Menschen ist es wichtig, dass sie in einem Mehrzweckraum Computer und andere Arbeitsutensilien verstecken können. Darum werden immer mehr fertig konfektionierte Computerschränke angeboten. Die Möbel in diesem Beispiel wurden jedoch exakt nach den Wünschen der Bewohner getischlert. Zwei äußerlich gleiche, schlanke Hochschränke stehen in den beiden Ecken des Raumes. Einer enthält eine ausziehbare Arbeitsplatte, im zweiten können Akten und Ordner untergebracht werden. Der Esstisch ist rund und nutzt so die verbleibende Fläche geschickt aus: bis zu acht Personen können hier bequem sitzen. Am Tage wird der Tisch für geschäftliche Besprechungen oder auch als Ablagefläche benutzt.

Individuell getischlerte Möbel müssen kein Vermögen kosten, zumal man meist für sein Geld eine hochwertige Qualität bekommt. Diese Schränke bestehen aus preiswerten MDF-Platten, die genau nach den Maßen der Zimmerecken zugeschnitten sind.

1 Ein zusätzlicher Rollcontainer für Akten wird bei Bedarf einfach herangefahren.

2 Flache Ablagekästen nutzen die niedrigen Regalfächer sinnvoll aus.

Oben: Der Esstisch dient als zusätzliche Ablagefläche am Arbeitsplatz. Ob für eine Geschäftsbesprechung oder ein abendliches Essen mit Freunden – er schafft immer einen gelungenen Rahmen.

Der zarte Fliederton der Wand sieht am Tage wie am Abend angenehm aus. Schlichte Jalousien geben dem Raum eine sachliche Atmosphäre. Sie verhindern Lichtreflexe auf dem Bildschirm.

Die ausgefallenen Griffe sehen edel aus und verraten nicht, dass sich dahinter ein kleines Büro verbirgt. Die hohen, schmalen Schränke wirken elegant, außerdem haben sie den Vorteil, dass mehr Bodenfläche für den eigentlichen Essbereich frei bleibt. Hätte man sich für eine Zeile halbhoher Aktenschränke entschieden, würde der Raum eher wie ein Büro wirken und der Tisch müsste deutlich kleiner ausfallen.

Es lohnt sich, die Preise verschiedener Tischler zu vergleichen, allerdings sind getischlerte Stücke immer etwas teurer als Serienmöbel aus dem Abholmarkt. Hören Sie sich in der Nachbarschaft um, durch Mundpropaganda erfährt man meist die wirklich guten Geheimtipps. Auch die örtliche Handwerkskammer gibt Auskunft. Ehe Sie einem Tischler einen Auftrag geben, lassen Sie sich Stücke zeigen, die er gebaut hat, oder sehen Sie sich wenigstens Fotos früherer Arbeiten an. Formulieren Sie Ihre Wünsche so klar wie möglich, die Sie am besten in Stichworten aufschreiben. Notieren Sie alle Funktionen, die Ihr Wunschmöbel erfüllen soll, ebenso die Geräte, die darin Platz finden müssen. Geben Sie dem Tischler auch Fotos mit, die Ihren bevorzugten Stil zeigen (z.B. aus Zeitschriften). Falls Ihnen die Reproduktion eines historischen Stils am liebsten wäre, so besprechen Sie die Möglichkeiten mit dem Handwerker. Lassen Sie sich unbedingt die Zeichnungen zeigen, und kontrollieren Sie die Maße von Computerfach, Türbreite usw. selbst. Gehen Sie nie davon aus, dass der Tischler Ihre Vorstellungen erahnen kann. Fragen Sie nach, bis Sie alle Erklärungen des Handwerkers verstehen. Auch der Preis sollte im Vorfeld ausgehandelt werden. Wenn das Möbel geliefert wird, kontrollieren Sie Stabilität und vor allem die Leichtgängigkeit der Scharniere, Türen und Auszüge. Erst dann sollten Sie die Rechnung vollständig bezahlen. Vergessen Sie nicht, dass gute Möbel nicht im Handumdrehen getischlert sind. Ein Möbelmarkt mag zwar innerhalb einer Woche liefern, während ein guter Tischler vielleicht Wochen oder Monate braucht, um Ihr Wunschmöbel als Einzelstück herzustellen, doch in der Regel lohnt sich die Wartezeit.

Beleuchtung

Im Hinblick auf die Beleuchtung sind Essplatz und Arbeitsplatz schwer zu vereinen, denn die Lichtbedürfnisse sind jeweils entgegengesetzt. Der Arbeitsplatz braucht ein helles Raumlicht und eine zusätzliche gute Schreibtischlampe. Eine Tischlampe reicht nicht aus, weil sie meist nur weiches, diffuses Licht gibt. Im Bildschirm des Computers dürfen keine Lichtreflexe entstehen. Für einen Essplatz dagegen ist sanfte, warme Beleuchtung oder Kerzenlicht am günstigsten. Hier wurden Niedervolt-Halogenstrahler in die Decke eingelassen. Mit einem Dimmer kann das Licht je nach Bedarf reguliert werden: taghell zum Arbeiten, lauschigsanft zum Essen. Eine Schreibtischlampe beleuchtet gezielt die Arbeitsplatte. Auch das Sonnenlicht muss berücksichtigt werden. Es soll weder in den Augen blenden noch vom Bildschirm reflektiert werden. Schlichte Jalousien sind wirkungsvoller als Vorhänge, zudem tragen sie am Tage zur sachlichen Arbeitsatmosphäre bei. In kleinen Räumen haben sie den zusätzlichen Vorteil, dass sie kaum Platz benötigen.

Farbe

Die Farbwahl für einen Mehrzweckraum ist schwieriger als für einen Raum, in dem nur gegessen oder nur gearbeitet wird. In Esszimmern, die vorwiegend abends benutzt werden, schaffen intensive oder dunkle Farben eine warme Atmosphäre. Am Tage wirken diese Farben aber oft zu dominant. Ehe Sie sich für eine kräftige Farbe oder eine lebhaft gemusterte Tapete entscheiden, überlegen Sie genau, ob Sie diese wirklich auf Dauer jeden Tag ansehen mögen. Das bedeutet aber nicht, dass Sie eine fade Farbe wählen müssen. Der richtige Farbton kann den letzten Rest von kühler Büroatmosphäre ganz leicht vertreiben. Ein kombiniertes Arbeits- und Esszimmer sieht gerne voll gestopft und unordentlich aus. Darum ist es am besten, sich auf eine oder zwei Farben zu beschränken. Hier ist eine Wand in einem zarten Fliederton gestrichen worden, die übrigen Wände sind weiß. Die Möbel bestehen aus hellem Holz und Metall. Dadurch wird eine Verbindung zwischen dem Essbereich und dem etwas nüchternen Arbeitsbereich geschaffen.

Um das Auge vom Arbeitsplatz abzulenken, wurden ein paar auffällige Farbtupfer verteilt: Stuhlkissen in leuchtenden Pink- und Lilatönen, ein üppiger Blumenstrauß. Wenn die Bewohnerin die Lilatöne satt hat, braucht sie nur eine Wand zu streichen und die Stuhlkissen neu zu beziehen. Flexibler lässt sich ein Farbkonzept kaum gestalten.

Stauraum

Am Arbeitsplatz braucht man ein ganzes Sortiment von Ordnern, Ablagekästen, Fächern und Behältern für Stifte. Solches Schreibtischzubehör wird heute in vielen bunten Farben angeboten, Sie können aber auch bei den klassischen, neutralen Tönen wie Schwarz, Weiß oder Grau bleiben. Wenn nicht alles hinter Schranktüren Platz findet, ist ein Rollcontainer eine praktische Lösung. Auch vorhandene Möbelstücke wie Kommoden lassen sich mit Rollen mobil machen. Eine gute Faustregel ist, den aktuellen Bedarf zuerst einzuschätzen, dann aber großzügig Platz für das Wachstum der nächsten Jahre vorauszuplanen.

GRUNDRISS
(1) Tisch
(2) Einbauschrank für Geschirr und Büromaterial
(3) Einbauschrank mit ausziehbarer Arbeitsplatte
(4) Rollcontainer

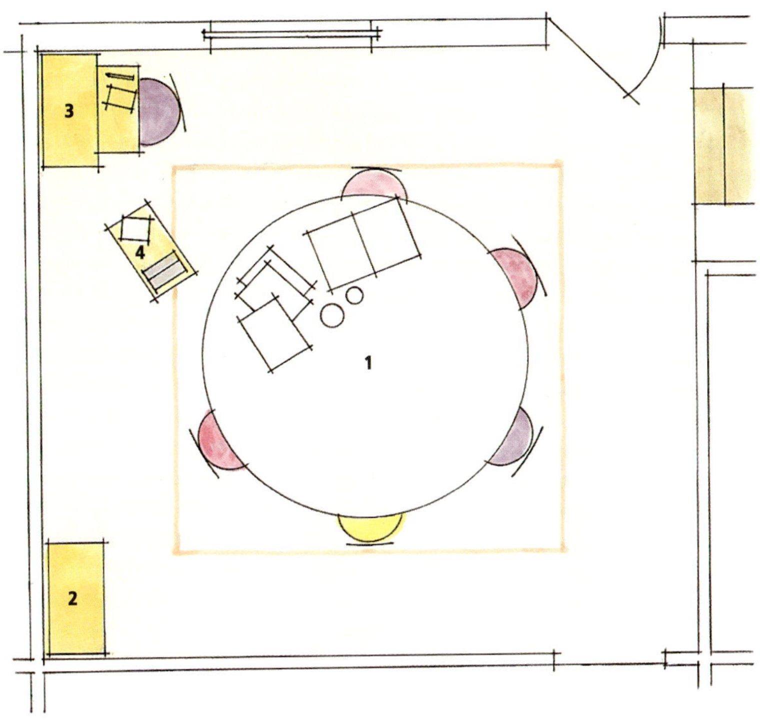

Blumen und Kerzen auf dem Tisch machen die Verwandlung vom Büro zum Esszimmer komplett. So werden die Gäste kaum bemerken, dass dieser Raum tagsüber als Arbeitszimmer benutzt wird.

Wohnen mit dem Büro

Dieses große Zimmer ist zugleich der Mittelpunkt des Familienlebens und eines florierenden Geschäftes. Der Architekt Gunnar Orefeld entwarf ein Konzept, das mehr beinhaltet als ein Arbeitszimmer. Hier ist Raum für Kundengespräche, für die private Entspannung, für ein großes Essen mit der Familie und ab und zu für eine große Party. Auf der einen Seite des Wohnbüros liegt die Küche und der Familienbereich des Hauses, auf der anderen der Arbeitsbereich des Architekturbüros.

Weiße Wände sehen hell und sachlich aus, ein Wohnraum braucht aber etwas Farbe, damit er nicht zu kühl wirkt. Hier wurden einzelne Streifen in Blau und Terrakotta gestrichen. Sie bilden einen frappierenden Blickfang und sind zugleich Hintergrund, vor dem die großen Bilder besser zur Geltung kommen. Die übrigen Wände sind weiß. Der Computer braucht sich nicht zu verstecken, weil er vor dem riesigen modernen Gemälde ohnehin kaum ins Auge fällt.

CHECKLISTE: WOHN-ARBEITSZIMMER

■ Planen Sie fünf oder zehn Jahre voraus. Schließlich können Sie nicht immer gleich umziehen, wenn Ihr Geschäft expandiert. Eine Wachstumsreserve ist auch aus privater Sicht sinnvoll: Vielleicht heiraten Sie oder bekommen noch ein Kind.

■ Ein separater Eingang für Kollegen und Klienten ist eine Überlegung wert. Um die Privatsphäre der Familie zu schützen, sollte das Büro auch eine eigene Toilette und eine Teeküche oder Pantry haben.

■ Sorgen Sie dafür, dass Arbeit und Familie sich nicht gegenseitig stören. Ideal ist ein separates Gebäude, etwa ein umgebauter Schuppen. Eine klare Trennung zwischen Wohn- und Arbeitsbereich erleichtert es Ihnen, auch innerlich Feierabend zu machen.

■ Planen Sie den Stauraum sorgfältig. Alte Abrechnungen müssen zwar jahrelang aufbewahrt werden, man braucht sie aber nicht täglich. Solche Dinge können ausgelagert werden, z.B. auf dem Dachboden. Schaffen Sie im Büro trotzdem doppelt so viel Stauraum für laufende Akten wie Sie zunächst einschätzen.

■ Überlegen Sie genau, wie Sie Eilaufträge, Nachtarbeit oder Neueinstellungen so organisieren, dass Wohn- und Privatsphäre möglichst kaum beeinträchtigt sind.

Ein Büro beherbergen

Im Gegensatz zum vorigen Beispiel, wo das Esszimmer Arbeitsplatz einer selbständigen Stylistin war, ist dieses Haus gleichzeitig Hauptsitz eines viel beschäftigten Architekturbüros und Privatwohnung der Familie. Diesen Unterschied müssen Sie berücksichtigen, wenn Sie einen solchen Arbeitsplatz zu Hause planen. Es wird nicht unbedingt mehr Platz benötigt. Viel größer ist die Notwendigkeit, eine klare Grenze zwischen Berufs- und Privatleben zu ziehen. Auch die verständnisvollsten Familienmitglieder werden zu murren beginnen, wenn sie das Gefühl haben, ihr gesamtes Leben sei völlig mit der Arbeit verwoben. Dieser Aspekt ist besonders wichtig, wenn häufig Kollegen oder Kunden ins Haus kommen oder wenn Sie Angestellte beschäftigen. Arbeitet ein Lebenspartner tagsüber außer Haus, ist das einfacher. Wenn auch bei einem plötzlichen Eilauftrag, der Nachtarbeit erfordert, man kostbare, gemeinsame Privatzeit verliert. Jeder, der sich vorwiegend zu Hause aufhält, ob eine Mut-

Oben: Es ist kaum zu erkennen, wo die Bücher und Videos der Familie enden und die des Architekturbüros beginnen. Die an der Wand aufgehängten Regale wirken leicht und luftig, der Heizkörper darunter wiederholt die Form in kleinerer Dimension.

1

2

3

4

ter mit kleinen Kindern oder ein Lebenspartner, der den Beruf zu Hause ausübt, kann sich von dem geschäftigen Leben einer Firma im eigenen Heim gestört fühlen. Darum ist es äußerst wichtig, die Bereiche klar voneinander zu trennen. Auch Sie selbst werden den Vorteil spüren, wenn Sie am Feierabend in den privaten Räumen wirklich abschalten können.

Dieser großzügige Raum ist eine Art Bindeglied zwischen dem Architekturbüro im einen Teil des Hauses und der Küche sowie den Schlafräumen im anderen. Er war zuerst als Bibliothek, Archiv- und Konferenzraum für die Firma geplant und gleichzeitig als Wohn- und Esszimmer für die Familie. Aufgrund der Raumgröße und des riesigen ausklappbaren Tisches finden hier gelegentlich auch Geschäfts- und Privatpartys statt. Als sich das Geschäft vergrößerte, war ein Schreibtisch mit Computer unterzubringen, und ein Teil der Privatbücher musste Ordnern und Akten weichen. Da die Gestaltung der Einrichtung flexibel und einfach ist, wirkt der gesamte Raum auch jetzt stilvoll und einheitlich.

Oben: Die farbigen Paneele hinter den Bildern wurden an einem einzigen Nachmittag gestrichen. Bei Bedarf können sie ebenso schnell verändert werden.

1 Die wenigen auffallenden Bilder, wie z.B. dies Gemälde von Sally Greaves-Lord, sind sehr groß, damit sie in dem riesigen Raum zur Geltung kommen.

2 + 3 Der weiße Ausziehtisch lässt sich auf drei Größen bringen. So bietet er auch für eine Konferenz oder ein Essen mit vielen Gästen genügend Platz.

4 In den Regalen können viele Bücher untergebracht werden. Die Zeichnungen in Rollen sollen für längere Zeit aufbewahrt werden.

Möbel und Details

Die Einrichtung einer Firma muss robuster sein als die Einrichtung einer Wohnung. Diese Grundregel sollten Sie auf alles anwenden, was Sie kaufen: Bodenbeläge, Farben und Tapeten, Tische und Stühle. In einer Firma bewegen sich ganz einfach mehr Menschen. Eine Konferenz mit sechs Kollegen kann durchaus zwei Mal pro Woche stattfinden – aber welcher Privathaushalt hat so oft so viel Besuch? Mit der Firmeneinrichtung wird auch anders umgegangen. Nicht etwa, weil die Benutzer schlechte Manieren haben, sondern, weil sie sich mehr auf ihre Arbeit als auf ihre Umgebung konzentrieren. Da wippt man schon einmal während einer Besprechung mit dem Stuhl oder läuft mit schmutzigen Schuhen über den Fußboden. Architekt Gunnar Orefeld schätzt, dass Firmenmobiliar etwa vier Mal so stark strapaziert wird wie Möbel für die Wohnung. Das bedeutet aber nicht, dass Sie alle vier Jahre Ihr Büro neu einrichten müssen. Es lohnt sich, Firmen aufzuspüren,

GRUNDRISS
(1) Schreibtisch mit PC
(2) ausziehbarer Ess- und Konferenztisch
(3) lange Regale für Bücher und Akten
(4) Wohnbereich
(5) farbig gestrichene Paneele

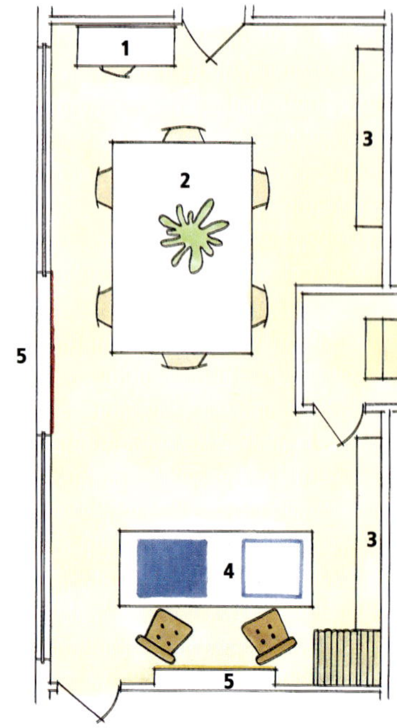

Rechts: Suchen Sie für den Arbeitsbereich zeitgemäße, robuste Möbel aus. Das heißt keineswegs, dass Sie auch Ihre Wohnung ganz im modernen Stil einrichten müssen. Das Foto zeigt, wie stilvoll zwei Sessel des skandinavischen Designers Bruno Mattson unter einem alten Ölporträt wirken können.

Ganz rechts: Leuchtende Farbtupfer, wie z. B. eine Vase mit bunten Blumen, lenken von der funktionalen Nüchternheit der Büroeinrichtung ab.

die sowohl Büro- als auch Wohnmöbel herstellen. Ehe Sie Möbel kaufen, prüfen Sie die Verarbeitung und Stabilität gründlich. Der sachliche Wohnstil, der heute en vogue ist, erleichtert die Auswahl sehr. Es werden viele Büromöbel angeboten, die auch im Wohnbereich stimmig aussehen können. Die Möbel sollen allen Verwendungszwecken gerecht werden. Hölzerne Küchenstühle werden an einem Konferenztisch kaum professionell aussehen. Edle Esszimmerstühle mit bezogenem Sitz sind nicht strapazierfähig genug. Der Tisch muss ausziehbar sein und eine unempfindliche Oberfläche haben. So braucht man sich bei der Arbeit keine Gedanken über Flecken zu machen.

Der Bodenbelag ist ein Thema für sich. Hier wurde ein Parkett in Buche verlegt. Es gibt unterschiedliche Qualitäten, nicht alle sind wirklich langlebig. Holzböden müssen alle paar Jahre abgeschliffen und neu versiegelt werden. Gerade bei furnierten Bodenbrettern sollten Sie daher die Furnierstärke genau prüfen. Andere Möglichkeiten wären Sisal- oder Seegrasbeläge, Linoleum (das in vielen Mustern verlegt werden kann), gemusterte Hotelteppichböden, Fliesen oder hochwertige PVC-Auslegeware. Fast jede Optik ist möglich, doch wichtig ist vor allem die Strapazierfähigkeit.

Büroräume müssen häufiger renoviert werden, besonders, wenn Sie bei Kunden einen guten Eindruck hinterlassen wollen. Tapeten sind ungünstig, und auch die Farbe für den Anstrich sollte einfach und unkompliziert sein. Weiß ist besonders praktisch, weil man auch eine einzelne Wand frisch streichen kann, ohne sich Gedanken über die richtige Abtönung machen zu müssen. Lebendiger wirkt der Raum, wenn einzelne Wände oder großflächige Paneele farbig gestrichen werden. Hier bringen die leuchtenden Paneele Leben und Wärme in den Raum. Sie können an einem einzigen Nachmittag in einer anderen Farbe übergestrichen werden.

Links: Der Unterschied des Bodenniveaus grenzt den kleinen Sitzbereich ab, ohne die großzügige Wirkung des Raumes zu zerstören.

Eigenes Reich unterm Dach

Dieses Zimmer entstand durch den Ausbau eines Dachbodens und wird von einem heranwachsenden Jungen bewohnt. Das Haus hat zwar eine große Grundfläche, doch das Dach ist sehr steil. Darum ist das Zimmer eher klein dimensioniert. Das wichtigste Element sind die Einbauten, die sich durch den ganzen Raum ziehen. Außer einem Bett und dem eingebauten Schreibtisch sind keine Möbel nötig. Es ist so viel Schrankraum vorhanden, dass auch die übrige Familie hier noch Dinge lagert.

In diesem Schlaf- und Arbeitszimmer ist alles eingebaut, in der Nische für den Fernseher gibt es sogar spezielle Schubladen für Videos. Einbauschränke in verschiedenen Größen schaffen Platz für Kleidung und größere Gegenstände wie Koffer. Nur das Bett (kleines Foto) kann im Raum umgestellt werden.

Raum mit Wachstumschancen

Die Kombination aus Schlaf- und Arbeitsraum ist nicht ideal. Für Schüler und Studenten, die sich auf Prüfungen vorbereiten müssen, gibt es aber meist keine andere Möglichkeit. Hier sorgt ein ausgeklügeltes Aufbewahrungssystem dafür, dass nichts herumliegen muss. So können die beiden Bereiche stets aufgeräumt und sauber getrennt bleiben. Nichts ist lästiger, als wichtige Aufzeichnungen zwischen Schmutzwäsche suchen zu müssen. Oft werden relativ kleine oder ungünstig geschnittene Räume als Kinderzimmer genutzt. In solchen Fällen ist es sinnvoll, so viele Einbaumöbel wie möglich unterzubringen. Regale und Schränke lassen sich allerdings unter Dachschrägen schlecht stellen.

Schon vor dem ersten Sägeschnitt muss das Konzept für das System des Stauraums feststehen, weil alle Regale und Schubladen nach Maß gefertigt werden. Nachträgliche Korrekturen sind meist nicht möglich. Schubladen in verschiedenen Größen sind sinnvoll. Praktisch sind auch Innenaufteilungen, in die beispielsweise CDs, Kassetten oder Videos übersichtlich einsortiert werden können. Messen Sie, ehe Regale oder Schubladen zugesägt sind, auch das aus, was darin verstaut werden soll. Sonst verschwenden Sie leicht Platz und Material. Flache Schubladen eignen sich für Stifte, Make-up-Utensilien und andere kleine Dinge. Mittelgroße Schubladen sind praktisch für Wäsche, Videos, CDs oder Bücher. In großen Schubladen finden Pullover oder Bettwäsche Platz. In niedrigen, aber tiefen Schränken verschwinden Koffer oder andere unhandliche Gegenstände. Der Platz zum Kleider-Aufhängen kann in solchen Räumen knapp werden, darum ist es sinnvoll, diesen zuerst einzurichten. Fernseher, Videorecorder und andere elektrische Geräte werden wegen der Wärmeentwicklung am besten in offenen Regalen untergebracht, nur die Kabel sollten gut versteckt sein. Der maßgeschneiderte Schreibtisch ist preiswert zu bauen. Hier wurde eine Arbeitsplatte in passender Größe zugeschnitten und auf zwei gekaufte Unterschränke montiert.

Die Einbauschränke sind so schlicht, dass sie kaum ins Auge fallen. Damit der Raum größer und heller wirkt, sind alle Wände und Schranktüren in Weiß gestrichen.

Stauraum total

Viele Familien denken über einen Dachausbau nach, wenn die Kinder älter werden und das eigentliche Kinderzimmer nicht mehr ausreicht. Ganz einfach ist so ein Vorhaben allerdings nicht. Für alte Häuser gelten zahlreiche Beschränkungen. In vielen Gegenden darf auch die Dachform nicht ohne weiteres verändert werden. Nur für Dachschrägenfenster bekommt man in der Regel problemlos eine Genehmigung. Ein kreativer Architekt wird aber auch eine Lösung

1 Einfache Rollos in den Gaubenfenstern schützen vor Sonnenhitze.

2 Wandlampen sparen Platz und benötigen keinen Tisch.

3 Ein guter, ergonomischer Stuhl am Schreibtisch ist eine sinnvolle Investition.

Ganz rechts: Der eingebaute Schreibtisch nutzt die Breite der Gaube voll aus.

1

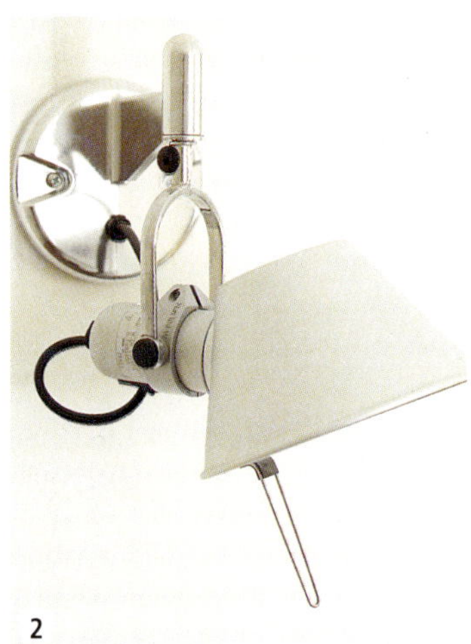
2

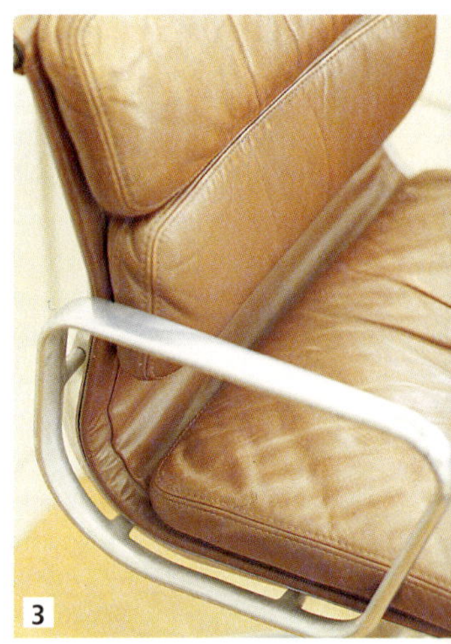
3

CHECKLISTE: JUGENDZIMMER

■ Die erste Hürde ist die Baugenehmigung. Viele Behörden legen heute Wert auf Erhaltung der Dachlinie. Selbst wenn ähnliche Ausbauten in der Nachbarschaft existieren, kann Ihnen die Genehmigung versagt bleiben, weil die Bestimmungen sich ständig verschärfen.

■ Beauftragen Sie einen Architekten, um den geringen Platz optimal auszunutzen. Solange sie Ihren Nachbarn nicht in die Fenster gucken können, wird die Genehmigung zum Einbau von Dachschrägenfenstern in der Regel kein Problem darstellen.

■ Selbst wenn sich der Dachboden über das ganze Haus erstreckt, werden Sie wegen der Stehhöhe nur einen relativ kleinen Teil wirklich nutzen können.

■ Isolierung und Lüftung sind wichtige Aspekte. Hieran sollten Sie auf keinen Fall sparen.

■ Über Winkel und Stufengröße von Treppen gibt es klare Vorschriften. Für eine Treppe werden Sie wohl mehr Platz brauchen, als Ihnen lieb ist. Ausklappbare Treppen sind als Zugang zu Wohnräumen nicht erlaubt.

■ Unter Dachschrägen sind maßgetischlerte Einbaumöbel praktischer, weil sich Regale und Schränke schlecht stellen lassen.

finden, wenn das Haus äußerlich nicht verändert werden darf. Wenn Sie für Ihr Projekt eine Baugenehmigung einholen müssen, achten Sie darauf, dass alle äußeren Veränderungen zum Stil des Hauses passen. Die Vorschriften werden zunehmend verschärft.

Auch im Inneren des Hauses können Probleme auftreten. Ist die Dachschräge sehr steil, so hat man nur in einem kleinen Bereich Stehhöhe. In den meisten Ländern gibt es Vorschriften über die Mindest-Deckenhöhe von Wohnräumen, denen Ihre Ausbaupläne gerecht werden müssen.

Im Stockwerk darunter muss Platz für die Treppe geschaffen werden, eventuell müssen Sie sogar ein kleines Zimmer opfern. Wo und wie Sie diese Treppe einbauen, unterliegt wiederum verschiedenen Vorschriften über die Mindesttiefe der Stufen, den Steigungswinkel und die Kopffreiheit im Treppenbereich. Zugelassen sind nur feste Treppen, eine ausklappbare Leiter ist als Zugang für Wohnräume nicht erlaubt.

Schließlich müssen Heizung und Lüftung bedacht werden. Unter dem Dach ist es im Winter kalt und im Sommer sehr heiß. Von einer guten Dachisolierung profitieren natürlich auch die unteren Stockwerke, weil weniger Wärme entweicht. Wenn die Größe der Fenster durch behördliche Vorschriften beschränkt ist, können Sie in den meisten Fällen doppelt verglaste Dachschrägenfenster einbauen. Durch solche Oberlichter fällt besseres Licht als durch Gaubenfenster.

1 Ein Regal unter der Schräge bietet Platz für die CDs.

2 Der Beistelltisch auf Rollen steht immer da, wo er gerade gebraucht wird.

Rechts: Das Bett ist das einzige bewegliche Möbelstück in diesem Zimmer.

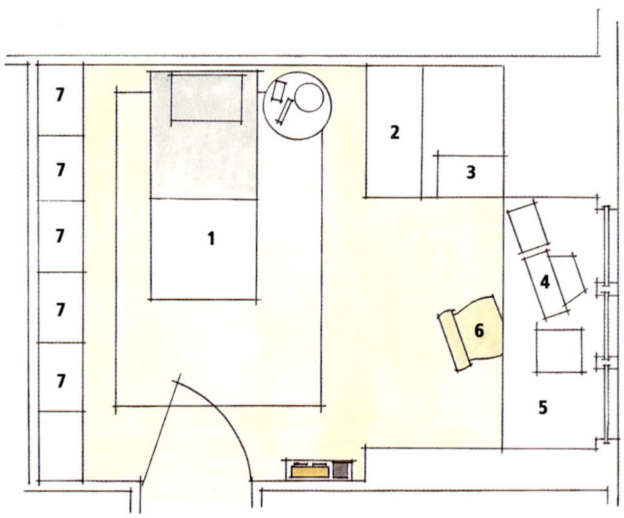

GRUNDRISS
(1) Bett. (2) Einbauschrank für Fernseher und Videorecorder. (3) Schrank unter der Dachschräge. (4) Computer. (5) Schreibtisch. (6) Stuhl. (7) Einbauschränke unter der Dachschräge.

3 Regale für Fernseher und Videorecorder wurden maßgenau in eine Ecke eingebaut.

4 Durch das Glasdach über dem Flur fällt viel Tageslicht in den Raum.

1

2

3

4

Farbe

Köcher für Stifte

Sisalkörbe

Dynamische Schrankformen

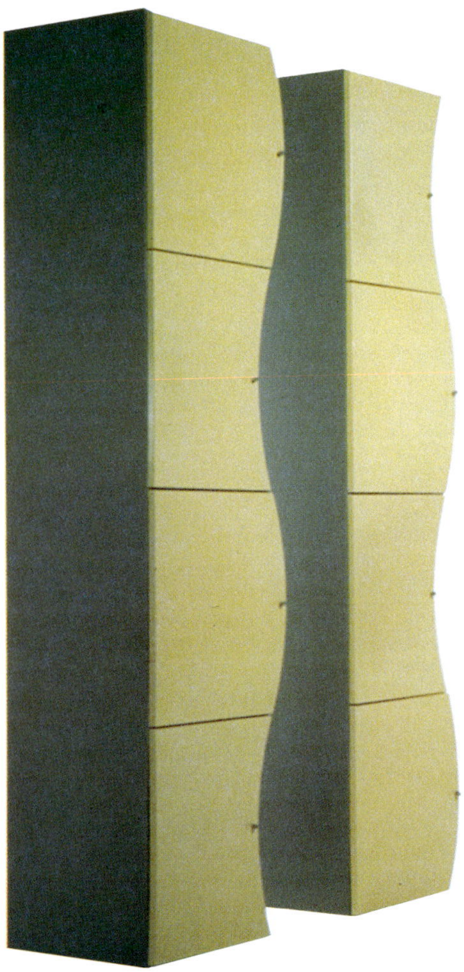

Schaffen Sie sich eine maßgeschneiderte Schreibtisch-Umgebung, sammeln Sie praktische Utensilien. Körbe und Kästen fassen allerlei Kleinigkeiten, Schränke und Aktenregale werden gleichzeitig zu Raumteilern. Wenn Sie Regale nach Maß bauen wollen, messen Sie Bücher, Aktenordner und Kästen vorher exakt aus. Was oft benutzt wird, muß schnell zur Hand sein.

Dekorative Kleinigkeiten

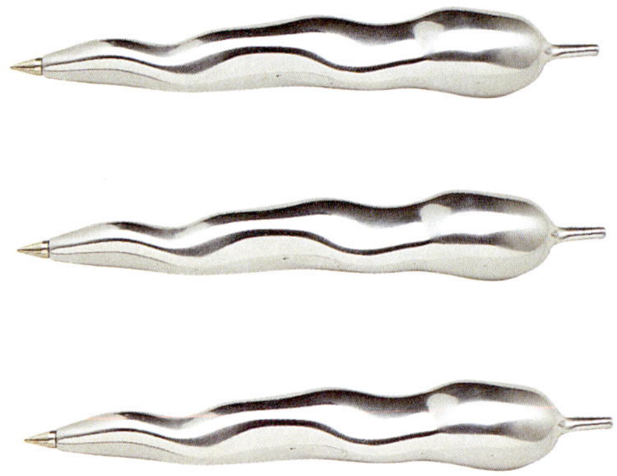

Flexible Möbel

Waagerechte Schubladengriffe

Geräumige Schubladen

Taschenrechner

Geschwungener Aktenschrank

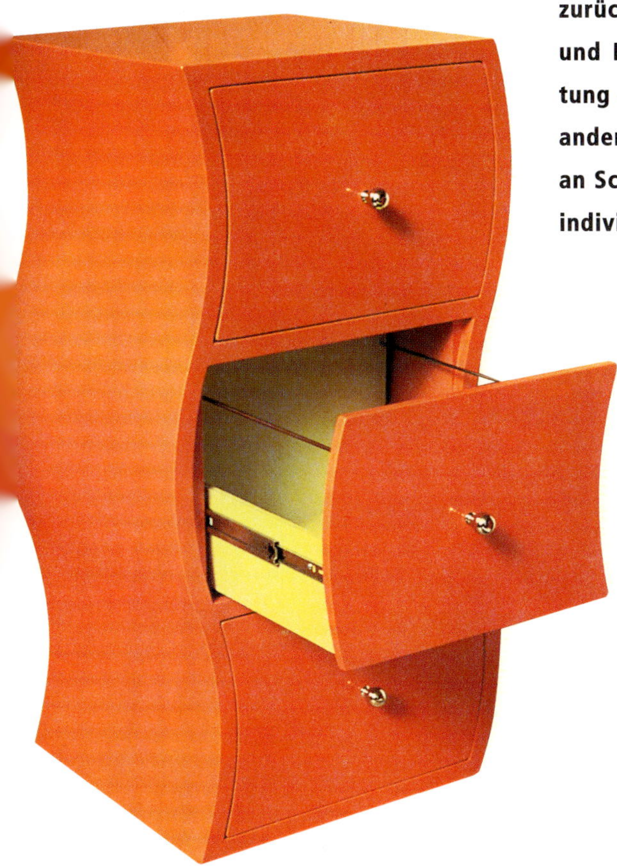

Das Design der Möbel am Arbeitsplatz sollte nicht hinter dem der übrigen zurückstehen. Farbe und Form, Funktion und Ergonomie greifen bei der Gestaltung eines gelungenen Heimbüros ineinander. Pfiffige Details wie farbige Griffe an Schubladen und Türen sorgen für den individuellen Touch.

Kompaktes Sitzmöbel

Flexible Schreibtischlampe

Ausziehbare Lampe

Geschwungene Regale

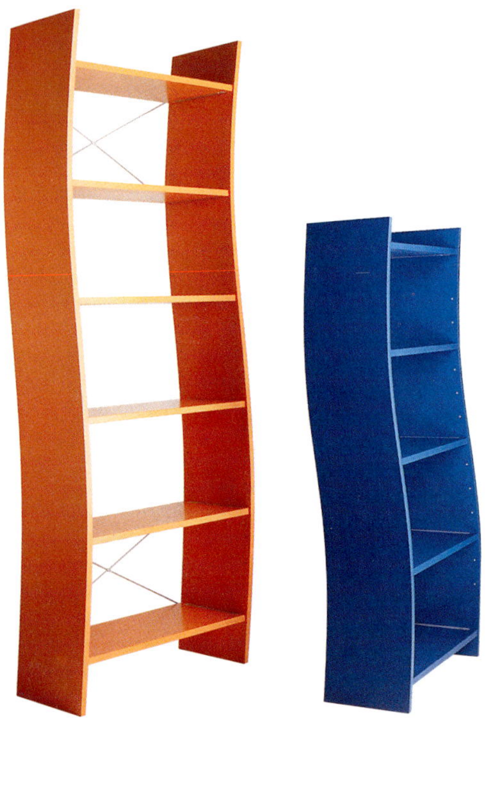

Pinnwand

Gutes Licht ist ein Muss an jedem Arbeitsplatz. Befestigen Sie eine bewegliche Schreibtischlampe am Tisch oder an der Wand: so haben Sie das Licht immer dort, wo Sie es brauchen. Pinnwände und Magnettafeln sind praktisch für Merkzettel, Listen, Notizen und Adressen. Tische und Schreibtischplatten sollten so geräumig wie möglich sein.

Mehrzwecktisch mit Schubladen

Ergonomische Stühle

Antiker Aktenschrank

Rollcontainer für Akten

Entdecken Sie wunderschöne alte Schreibtische, Aktenschränke und Stühle, dann kontrollieren Sie genau, ob solche Stücke heil und funktionsfähig, ergonomisch und bequem sind. Verstellbare Tische und Container auf Rollen sind praktisch und vielseitig. Ein Diwan ist eine Alternative zum wuchtigen Bettsofa.

Verstellbarer Arbeitstisch

Diwan als Bett oder Sofa

Schlafraum

& mehr

Nirgends ist Behaglichkeit so wichtig wie im Schlafzimmer. Wir verbringen dort etwa ein Drittel unseres Lebens. Wäre es nicht Platzverschwendung, diesen so persönlichen Bereich zwei Drittel des Tages ungenutzt zu lassen?

Drei Kombinationsmöglichkeiten bieten sich an: Schlafzimmer mit Bad, Schlafzimmer mit Spielzimmer, Schlafzimmer mit Arbeitsbereich. Ein Bad, das direkt ans Schlafzimmer angrenzt, ist heutzutage schon fast zum Standard geworden. Meist jedoch wird einfach eine Ecke vom Schlafzimmer abgezweigt. Was bleibt, ist eine finstere, enge Badekammer ohne Tageslicht und ein Schlafzimmer mit merkwürdigen Proportionen. Kombiniert man beide Bereiche offener miteinander, lassen sich Licht und Platz viel besser nutzen. Da keine Wände gezogen werden, behält der Raum seine ursprünglichen Proportionen, und man kann sich ungehindert darin bewegen. Unpraktisch ist diese Lösung allerdings für jedes Bad, das die ganze Familie oder Gäste mitbenützen.

Ein Schlafzimmer mit Arbeitsplatz ist eine gute Lösung für Gästezimmer. Auch Jugendliche werden den Vorzug eines eigenen Territoriums wichtiger nehmen als die Nachteile, die das Schlafen und Lernen im gleichen Raum haben könnte. Kleinere Kinder werden ihr Schlafzimmer tagsüber ganz von allein als Spielzimmer nutzen.

Bett & Bad – Raum für zwei

Hier sind Bett und Badewanne in einem großzügigen Raum ohne jegliche Trennung der Bereiche beisammen. Einbauschränke an zwei Wänden unterstreichen die ungewöhnlichen Proportionen des Raumes, statt von ihnen abzulenken. Die Rückwand des großen Einbauschrankes auf der einen Seite ragt in das angrenzende Gästezimmer hinein. Auf der gegenüberliegenden Seite sind Schranktüren und Schubladen um die Fenster herum gebaut. So wirken Bett und Wanne als echter Blickfang, weil alles weggeräumt werden kann.

Schlaf- und Badezimmer zu verbinden, kann die ideale Lösung sein, wenn es darum geht, in einer kleinen Wohnung Platz zu gewinnen. Eine frei vor dem Fenster stehende Wanne ist natürlich für Dusch-Fans weniger geeignet. Der Brausekopf im viktorianischen Stil dient mehr zur Dekoration.

Konzept

Das Schlaf-Badezimmer liegt dort, wo in dem Jahrhundertwende-Haus einmal das Hauptschlafzimmer war. Ein Vorbesitzer hatte eine Wand gezogen und ein separates Bad eingebaut. Die so entstandenen Räume hatten zwar ein vertretbares Format, waren aber nicht wirklich großzügig. Standen erst einmal Möbel darin – Kommoden, Kleiderschrank, Einbauschrank und Nachtschränkchen – wurde es recht eng. Die neuen Bewohner hatten in ihrer vorherigen Wohnung ein geräumiges Bad schätzen gelernt und beschlossen, die Trennwand herauszubrechen.

Als sie das getan hatten, entdeckten sie an den Spuren auf den Fußbodendielen, dass diese Wand nachträglich gezogen worden war und sie nun den Urzustand wieder hergestellt hatten. Der Raum wurde heller, der Platz ließ sich besser ausnutzen. Statt wie früher im gekachelten Bad dem Brummen des Entlüftungsventilators zu lauschen, kann man sich nun in heißem Wasser entspannen und durch das Fenster dem Wechsel der Jahreszeiten zusehen.

Die Idee, Bad und Schlafraum zu verbinden, ist Jahrhunderte alt. Bis zum 19. Jahrhundert wurden Häuser ganz ohne Badezimmer gebaut, stattdessen stellte man ins Schlafzimmer einen dekorativen Waschtisch mit einer Waschschüssel und einem Krug für heißes Wasser. Badewannen waren oft tragbar, weil man sie vor dem Kamin aufstellte. Selbst als man dazu überging, separate Badezimmer einzurichten, waren Waschbecken in den Schlafräumen noch üblich. Heutzutage aber, wo selbst einfachere Häuser zwei oder drei Badezimmer haben, stirbt dieser Brauch aus. So könnte man also das Konzept des kombinierten Schlaf- und Badezimmers als Wiederbelebung einer alten Wohnidee verstehen. Die Toilette werden allerdings auch Menschen mit sehr niedriger Schamgrenze lieber separat einrichten. Hier wurde sie in einem kleinen Extraraum gleich neben dem Waschbecken installiert. Wer nur Sichtschutz, aber keine Geräuschdämmung benötigt, könnte auch eine halbhohe Wand ziehen.

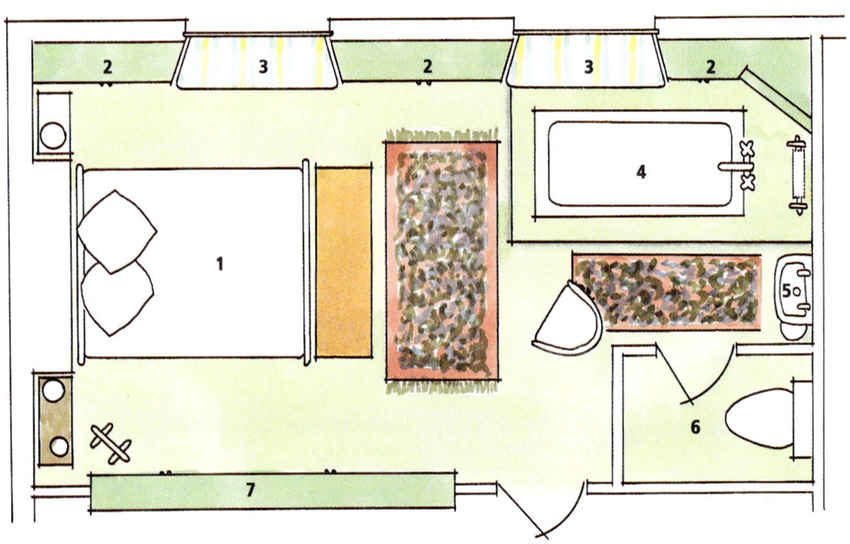

GRUNDRISS

(1) Bett
(2) Einbauschränke um die Fenster
(3) Fensterbänke über Heizkörpern
(4) Badewanne
(5) Waschbecken
(6) WC
(7) Schränke in der Wand zum Nebenzimmer

1

2

3

4

1 Eine separate Toilette sorgt für ein Mindestmaß an Intimsphäre.

2 In die Truhe am Fußende des Bettes passt viel hinein, außerdem kann man gut darauf sitzen.

3 Für diesen Einbauschrank, der in den Nachbarraum hineinragt, wurde ein Stück Mauer herausgebrochen.

4 Das Waschbecken in der Ecke ist wie Bett und Badewanne im viktorianischen Stil gehalten. Die Wandlampen sind gut isoliert und nicht in Reichweite der Wanne.

Oben: Die Seiten der Einbauschränke sind zum Raum hin abgeschrägt, so dass mehr Licht hereinflutet. Türen und Schubladen im Stil von Paneelen lockern die Frontflächen auf. Der viktorianische Stil ist das optische Bindeglied zwischen Bettgestell und Wannenarmaturen.

Möbel

Der Raum hat ein durchgängiges Stilkonzept, was besonders in Bereichen mit mehreren Funktionen sehr geschickt ist. Das schmiedeeiserne Bettgestell und die verschnörkelten Armaturen sind weiß lackiert, sie wirken, als stammten sie aus der gleichen Epoche. Eine moderne Wanne und ein verschnörkeltes Bett oder die entgegengesetzte Konstellation würden nicht so gut harmonieren. Das soll nicht heißen, dass nur ein altmodischer Stil für diese Raumkombination möglich ist. Wenn Sie sich aber für einen Stil entschieden haben, sollten Sie ihn in diesem Raum konsequent durchhalten. Die geräumigen Einbauschränke erlauben, dass der Raum immer aufgeräumt ist. Die Bewohner wollten die luftige Größe dieses Raumes nicht mit vielen Möbeln zustellen. Zwei Nachtschränke und eine Truhe am Fußende reichen aus. Wegen der breiten Fensterbänke sind nicht einmal Stühle nötig. Dadurch werden die Fenster und der schöne Ausblick auf den Garten zum dekorativen Bestandteil der Raumgestaltung. Das Grün vor den Fenstern fließt organisch mit den drei Grüntönen des Zimmers zusammen.

Praktische Überlegungen

Wasser braucht zum Abfließen ein Gefälle. Darum sind auch Badewannen zu der Seite hin, an der der Ablauf liegt, leicht abschüssig. Im Grunde kann man eine Wanne an jeder Stelle eines Zimmers einbauen, sofern zwischen dem Fußboden des geplanten Raumes und der Decke des Zimmers darunter genug Platz ist, die Abflussrohre mit dem nötigen Gefälle zu verlegen. Ist das nicht der Fall, muss die Wanne angehoben werden, zum Beispiel durch ein Podest. Eine zweite Möglichkeit könnte sein, in dem darunter liegenden Raum eine Zwischendecke einzuziehen. Ist dieses Zimmer aber ohnehin nicht zu hoch, so stört ein solcher Eingriff meist die Proportionen. Das Abflussrohr der Toilette ist noch dicker. Nicht jeder Klempner wird bereit sein, es umzuverlegen. Es ist jedoch fast immer möglich, auch die Toilette auf ein Podest zu setzen – notfalls gegen einen entsprechenden Aufpreis.

Wer ein so großes Badezimmer plant, kann sich auch den Luxus einer wirklich bequemen Badewanne leisten. In unserem Beispiel fällt kaum auf, dass eine übergroße Wanne verwendet wurde, da sie frei in dem geräumigen Zimmer steht. Auch das Waschbecken ist großzügig dimensioniert. Sein altmodischer Stil passt gut zu den Wannenarmaturen und dem Bettgestell.

Wenn Sie eine frei stehende Wanne wählen, vergessen Sie nicht die Ablagen für Seife oder Shampoo. Diese Wanne wurde in einen Holzsockel eingesenkt, auf dessen breitem Rand alles Notwendige Platz findet. Bei Wannen mit einem abgerundeten Rand kann das Ausbalancieren der Shampooflasche jedoch lästig werden. Ein eingebautes Regal oder ein kleiner Beistelltisch sind dann unverzichtbar. Auch ein Handtuchständer sollte bereit stehen, schließlich mag niemand tropfend durchs Zimmer laufen.

Beleuchtung und Sicherheit

Lampen und andere Elektrogeräte in der Nähe von Wasserhähnen müssen mit größter Sorgfalt installiert werden. In vielen Ländern gibt es Vorschriften, die den Mindestabstand einer Stromquelle von einer Wanne festlegen. Elektrizität und Wasser sind ein tödliches Paar. Dieses Risiko sollten Sie unbedingt ausschließen, vor allem wenn auch Kinder das Bad benutzen. Wer sich entscheidet, die Vorschriften großzügig auszulegen, sollte das mit äußerster Vorsicht tun. Es wäre lebensgefährlicher Leichtsinn, eine Lampe oder einen Föhn so nahe an der Wanne zu installieren, dass sie ins Wasser fallen könnten. Auf Beistelltische in Nähe der Badewanne gehören darum keine Lampen. Hier sind die Lampen in die Wand und die Decke eingelassen, die Nachttischlampen stehen in sicherer Entfernung. Selbst die Einbaulampen sollten gegen Feuchtigkeit geschützt sein. Es gibt im Fachhandel viele attraktive Feuchtraum-Lampen. Ein schneller Glühbirnenwechsel vom Badewannenrand aus sollte durch entsprechenden Abstand von vornherein ausgeschlossen sein. Auch die Steckdosen in diesem Bereich des Raumes sollten aus Sicherheitsgründen feuchtraumgeeignet sein.

Stauraum

Ein ausgeklügeltes System von Schränken und Schubladen ist das Geheimnis dieses aufgeräumten Schlaf-Badezimmers. Es gibt für alles einen Platz, und alles ist an seinem Platz. Die beiden großen Einbauschränke passen perfekt, ohne den Raum zu beherrschen.

1 Hinter den Schranktüren verbergen sich Einlegeböden.

2 Die Heizkörper liegen unter den breiten Fensterbänken. So verteilt sich die Wärme im Raum, statt durch das Fenster zu entweichen.

Oben rechts: Ein Holzboden ist ideal für ein kombiniertes Schlaf-Badezimmer. Auch Vinyl, Linoleum und einige spezielle Teppichböden wären geeignet.

Ein Einbauschrank wurde buchstäblich in das Nebenzimmer hineingebaut. Die Wand wurde herausgebrochen und durch den Schrank ersetzt. Die Türe zwischen den beiden Räumen wurde verlegt, was aber keinen großen baulichen Aufwand mit sich brachte.

An der anderen Wand wurden Schränke und Schubladenelemente um die Fenster herum gebaut. So entstanden gemütliche breite Fensterbänke, auf denen man auch bequem sitzen kann. Die Seiten der Schränke sind leicht abgeschrägt, damit das Licht ungehindert in den Raum fällt. Selbst die Heizung ist geschickt integriert: unter den Fensterbänken wurden niedrige Radiatoren installiert.

CHECKLISTE: SCHLAFZIMMER MIT BAD

■ Im Nassbereich sollten nur Steckdosen installiert werden, die für Feuchträume zugelassen sind. Die Beleuchtung wird am besten in die Wand oder Decke eingelassen und gegen Nässe versiegelt. Lampen müssen so weit von der Wanne entfernt sein, dass man nicht von deren Rand aus eine Glühbirne wechseln kann. Haartrockner und andere Geräte dürfen niemals in Reichweite des Nassbereiches benutzt werden.

■ Wenn Sie regelmäßig lüften, ist eine Entlüftungsanlage nicht erforderlich. In den Wintermonaten kann sie jedoch praktisch sein. Kombinierte Schlaf- und Badezimmer sind meist recht groß. Lassen Sie sich darum im Fachhandel über die erforderliche Ventilatorgröße beraten.

■ Stellen Sie einen Handtuchhalter in Reichweite der Wanne auf. Auch eine Ablagefläche für Seife oder Shampoo ist wichtig.

■ In einer frei stehenden Badewanne sollte man nur sehr behutsam im Sitzen duschen.

Kinder-zimmer: immer fit

Dieses fantasievolle Kinderzimmer wurde von James Lynch von City Lofts für eine Familie mit vier kleinen Kindern – das jüngste ein Baby, das älteste zehn Jahre alt – entworfen. Aus verschiedenen Elementen im gleichen Stil entstand so ein Raum, in dem an alles gedacht wurde: vom abschließbaren, stillen Arbeitsplatz für das älteste Kind bis hin zu flexiblen Schlafplattformen, reichlich Stauraum, viel Bodenfläche zum Spielen sowie genug Platz zum Wachsen.

An einer Wand zieht sich die große Schlafplattform entlang, die Platz für zwei oder drei Matratzen bietet. Darunter steht in einer Nische ein Gitterbettchen, später kann hier ein Schreibtisch eingebaut werden. Viel freier Platz zum Spielen kann in Stauraum verwandelt werden, wenn sich beim Heranwachsen die Bedürfnisse der Kinder ändern. Ein weiteres Hochbett (siehe kleines Foto) schafft Platz für Rückzug oder Übernachtungsgäste.

Zum Heranwachsen geplant

Grundgedanke dieses Entwurfes war, ein Zimmer zum Schlafen und Spielen für Kinder so zu gestalten, dass es mit den sich schnell verändernden Bedürfnissen des Heranwachsens Schritt hält. Im ersten Moment möchte man denken, dass frei stehende Möbel flexibler sind als fest eingebaute. Aber diese findige Kombination von Hochbetten, Schreibtischen und Schrankelementen lässt sich immer wieder neu nutzen und wird so den Bewohnern für lange Zeit gerecht.

Die Schlafplattformen auf beiden Seiten des Zimmers sind so groß, dass hier auch Besuch problemlos übernachten kann. Ansonsten lässt es sich dort oben herrlich spielen. Klassische Etagenbetten sind viel unpraktischer. Ein Erwachsener kann beispielsweise auf dem unteren Bett kaum sitzen und eine Geschichte vorlesen. In diesem Zimmer ist auf beiden Ebenen reichlich Platz, um sich gemütlich niederzulassen. Brettspiele oder Modellbauvorhaben sind auf der höheren Ebene außerdem vor dem Zugriff neugieriger, kleiner Geschwister sicher.

Auch der Platz unter den Betten lässt sich besser nutzen als bei Etagenbetten. Auf der Seite des Raumes, wo das älteste Kind schläft, wurde eine einfache Arbeitsplatte für die Hausaufgaben und zum Spielen eingebaut. Eine lange Schiebetür mit Grifflöchern schafft Privatsphäre und sorgt dafür, dass kleine Geschwister nicht beim Lernen stören. Auf diese Weise hat das älteste Kind einen klar abge-

1

2

1 Wenn das Baby aus dem Gitterbett herausgewachsen ist, kann hier eine Sitzecke entstehen oder ein Schreibtisch eingebaut werden.

2 Die Schlafplattform mit stabiler Leiter lädt zu abenteuerlichen Piratenspielen ein.

3 Das Zimmer ist in den leuchtenden Grundfarben gestrichen, die bei den Spielzeugen wieder zu finden sind.

4 Jede Lücke wird für Stauraum ausgenutzt.

5 Die Beleuchtung schafft separate, intime Inseln im Raum.

6 Kunterbunte Bettwäsche passt gut in das vergnügte Zimmer.

grenzten eigenen Bereich im gemeinsamen Kinderzimmer. Der Schreibtisch besteht aus einer Küchenarbeitsplatte – in diesem Fall aus Recyclingkunststoff, der nicht nur preiswerter und robuster ist als Holz, sondern sich auch leichter sauber halten lässt. Unter dem Schreibtisch ist viel Platz für Hefte und Bücher, darüber können bei wachsendem Bedarf noch weitere Regale eingebaut werden. Wenn zwei Kinder an diesem Tisch arbeiten oder spielen wollen, wird einfach ein zweiter Stuhl dazu gestellt. Die Schlafplattform auf der anderen Seite beherbergt normalerweise zwei Matratzen, bleibt ein Besuch über Nacht, kommt eine dritte hinzu. Unter der Plattform hat das Gitterbett des kleinsten Kindes Platz, daneben befindet sich eine große freie Fläche zum Spielen sowie ein weiteres Bett, in dem jetzt ein Kind im Krabbelalter schläft, bis es nach oben ziehen darf.

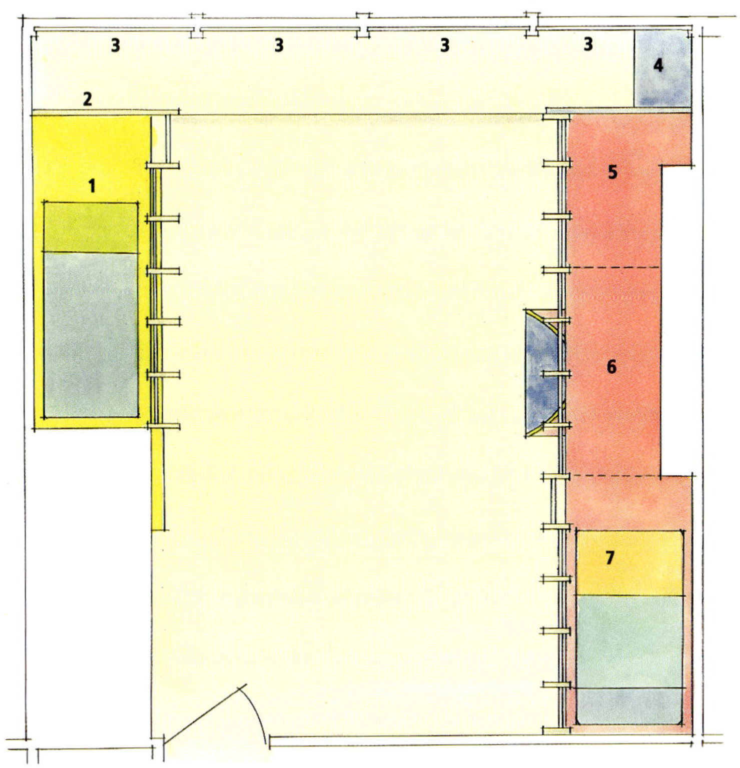

GRUNDRISS
(1) Hochbett für das älteste Kind, darunter Schreibtisch.
(2) Trennwand zur Fensterseite, mit „Bullaugen" für Tageslicht.
(3) Fensterfront über die ganze Raumbreite.
(4) Deckenhoher Einbauschrank.
(5) Schlafplattform über dem Gitterbett.
(6) Fortsetzung der Schlafplattform über dem Spielbereich.
(7) Hochbett über der unteren Schlafplattform.

CHECKLISTE: KINDERZIMMER

■ Erwachsene schimpfen oft über die Unordnung in Kinderzimmern, aber sie vergessen gern, für genügend Stauraum zu sorgen.

■ Verstehen Sie das Kinderzimmer nicht als Abstellplatz für ungeliebte, alte oder zweitklassige Möbel. Gerade hier sollten Schubladen nicht klemmen, sollte alles stabil und robust sein.

■ Nehmen Sie einmal im Jahr die Lebensgewohnheiten und den Stauraumbedarf Ihrer Kinder unter die Lupe. Größe und Menge der Besitztümer von Kindern ändert sich im Laufe der Zeit stark. Denken Sie nur an Sportausrüstung, Bücher, Schulsachen oder Computer.

■ Wenn Sie für ein Baby ein romantisches Kinderzimmer entwerfen, müssen Sie damit rechnen, dass es dem Kind in spätestens fünf Jahren nicht mehr gefällt und renoviert werden muss.

■ Versuchen Sie, einen Extra-Schlafplatz zu integrieren, und sei es nur ein Klappsofa oder eine ausziehbare Matratze unter dem Bett. So können Freunde problemlos über Nacht bleiben – auch eine elterliche Nachtwache bei einem kranken Kind ist dadurch weniger strapaziös.

Dann rückt das Baby nach, das bis dahin dem Gitterbett entwachsen sein wird. Unter dem Gitterbett und dem unteren Bett sind Kästen auf Rollen untergebracht, die Kleidung und Spielsachen beherbergen. Wenn später einmal der Stauraum für weniger große Dinge gebraucht wird, können hier Schubladen eingebaut werden.

Stauraum und Licht

Wenn das Baby kein Gitterbett mehr braucht, werden die Stäbe einfach entfernt. Weil auch hier Bettkästen eingebaut wurden, erinnert dann nichts mehr an ein Babybett. Die Liegefläche bleibt in der ursprünglichen Höhe erhalten und kann im Nu in ein kleines Sofa oder eine Sitzbank verwandelt werden. Sie könnte auch angehoben werden, um einen zweiten Schreibtisch einzurichten. Das wird spätestens dann nötig werden, wenn mehrere Kinder Hausaufgaben zu machen haben.

Die Fensterfront nimmt die gesamte Raumbreite ein. Die Stützpfosten der Schlafplattformen enden kurz davor. Durch kreisrunde

1 Auf der langen Schlafplattform ist genug Platz für eine Gästematratze, darunter steht der Schreibtisch mit Fächern und Regalen.

2 Die Wand mit den „Bullaugen" ist eine abschließbare Schiebetür.

3 Rund um den Schreibtisch bieten Schrankfächer und Regale jede Menge Platz für Bücher, Hefte und Spielsachen.

Ausschnitte fällt von dieser Seite auch Licht auf den eingebauten Schreibtisch unter dem Bett des ältesten Kindes. Auf der anderen Seite ist zwischen den Pfosten ein Regal eingebaut, das viele Kisten mit Spielzeug fasst. Hier können später Bücher, CDs, Videos und andere Habseligkeiten verstaut werden. Unter dem Fenster zieht sich ein Sockel entlang, auf dem man gemütlich sitzen und spielen kann.

Zwischen dem eingebauten Gitterbett und der niedrigeren Schlafplattform blieb eine große Lücke, in der jetzt gespielt wird. In dieser Nische kann ein Zelt stehen oder auch ein Kasperltheater. Wenn die Kinder größer werden, brauchen sie das Zelt nicht mehr. Dann ist geplant, in diesem Bereich drei ausziehbare Schränke für Schulsachen und Kleidung einzubauen. Weil die Hochbetten eine beträchtliche Tiefe haben, nutzt man den Platz unter ihnen am effizientesten mit schmalen „Apothekerschränken", die sich auf Schienen nach vorn herausziehen lassen. Konventionelle Schränke mit Türen wären zu tief und darum unpraktisch.

Da alle praktischen Elemente auf einer Seite des Raumes untergebracht sind, bleibt im übrigen Zimmer viel freier Platz zum Spielen. Die offenen Fächer sind einfach zu erreichen, und das Aufräumen ist kein großes Problem, wodurch sich auch Kinder leichter dazu überreden lassen.

Ein einziges Zimmer für vier Bewohner einzurichten ist immer problematisch. Ursprünglich wünschte sich der Älteste ein Raumschiffdesign, die Kleineren wollten ein Piratenschiff. Selbst dieser große Raum würde chaotisch aussehen, wollte man beides darin unterbringen. So mussten Kompromisse geschlossen werden. Die klaren, in kompakten Flächen eingesetzten Farben, die an kunterbuntes Industriedesign erinnern, gefielen allen kleinen Bewohnern. Die kreisrunden Löcher in der Schiebetür sind das Raumschiffelement, die Leitern stammen vom Piratenschiff. Trotzdem passt alles gut zusammen. Als Hauptfarbe wurde Blau gewählt, weil dieser Ton wegen seiner beruhigenden Wirkung günstig für einen Schlafraum ist. Die leuchtenden Tupfen in Rot und Gelb zeugen davon, dass hier tagsüber auch einmal wild getobt werden darf.

4 Klare Grundfarben für Spielsachen, Bettwäsche und Zubehör passen gut in das Farbkonzept.

5 In diesem Zimmer ist reichlich Platz für Spiele aller Art.

6 Viele Spielsachen sind schon für sich genommen dekorativ.

7 Die Schlafplattformen stehen auf hölzernen Stützen, sie enden knapp vor den Fenstern. So entstand eine Nische für ein praktisches, deckenhohes Regal.

4

5

6

7

Bett & Bad – abgeschirmt

Ein Schlafzimmer mit einem integrierten Bad hinter einem Raumteiler bietet alle Vorteile des Wohnens auf großer Fläche, ohne dass die Intimsphäre beschnitten wird. Der Raum wirkt hell, luftig und geräumig. Der Designer und Kochbuchautor Alastair Hendy hat eine große Holzplatte als Kopfteil an das Bett montiert, die zugleich als Raumteiler dient. An den Seiten flutet Licht in beide Bereiche, gleichzeitig bildet das blaue Fliesenmosaik des Bades einen reizvollen Farbtupfer im ansonsten neutral gehaltenen Schlafbereich.

An der Rückseite dieser großen Holzplatte, die als Kopfteil des Bettes dient, ist das Waschbecken befestigt. Die Badewanne liegt außerhalb des Sichtfeldes, nur Dusche und Heizkörper (kleines Foto) sind vom Schlafbereich aus zu erkennen.

Lichtgestaltung

Diese Wohnung ist sehr modern eingerichtet. Ein ähnliches Gestaltungkonzept wäre aber auch mit konventionellen Materialien und Möbeln denkbar. Diese Lösung, die einen großen, luftigen Raum schafft, ist die ideale Alternative zu den typischen schachtelförmigen Badezimmern. Eines der größten Probleme beim Kombinieren von Bad und Schlafzimmer ist die Veränderung der Proportionen zwischen Fenstern und Raumgröße vor und nach dem Umbau. Hier fällt das gesamte Tageslicht fast ausschließlich in den Schlafbereich, das Bad bekommt nur durch einige Glasbausteine Licht aus dem angrenzenden Raum. Darum musste für zusätzliches Licht gesorgt werden (vgl. Seite 108f.). Auch in einer weniger unkonventionellen Wohnung können solche Probleme auftauchen. Durch die Position des Bades bestimmen Sie auch, wo das Bett stehen muss. Darum ist es oft sinnvoll, einen kompakten Raumteiler

GRUNDRISS

(1) Wandschrank mit deckenhoher Tür. (2) Begehbarer Einbauschrank im gleichen Stil. (3) WC. (4) Schrank. (5) Bett. (6) Raumteiler. (7) Waschbecken. (8) Badewanne. (9) Dusche.

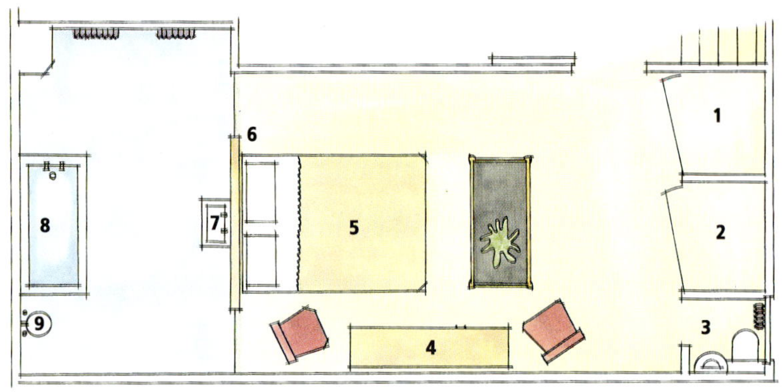

1 + 2 Das moderne Bett auf dem Podest passt gut zu den schlichten Möbeln aus den dreißiger Jahren.

1

2

zu verwenden, der nicht die ganze Breite der Wand einnimmt. Der Raumteiler muss auch nicht bis zur Decke reichen. Etwas mehr als Augenhöhe ist völlig genug, um das Bad gegen Blicke abzuschirmen.

In diesem kombinierten Schlaf- und Badezimmer sind viele gute Ideen zu entdecken, die man auch für andere Räume übernehmen kann. Eine Wand scheint aus drei deckenhohen Paneelen zu bestehen, die aber Türen mit unsichtbaren Magnetverschlüssen sind. Hinter einer verbirgt sich ein begehbarer Schrank, daneben Waschmaschine und Trockner und hinter der dritten Türe die Toilette. Bei so viel Stauraum sind andere Möbel in diesem Zimmer überflüssig. Der große Schrank steht hauptsächlich aus dekorativen Gründen hier.

Ein Bad, das teilweise zu einem anderen Raum hin offen ist, sollte mit Sorgfalt eingerichtet werden. Der Stil der dreißiger Jahre, in denen das Haus gebaut wurde, zieht sich durch die gesamte Gestal-

3 Die deckenhohen Paneele sind in Wirklichkeit Türen mit Magnetverschlüssen. Dahinter verbergen sich ein begehbarer Kleiderschrank, die „Waschküche" und Toilette.

4 In die Stufen, die zu diesem ungewöhnlichen Zimmer führen, sind Schubladen eingebaut.

5 Durch eine Mauer aus Glasbausteinen dringt zusätzliches Licht aus dem Nebenraum in den kombinierten Schlaf-Bade-Bereich.

4

3

5

CHECKLISTE: ABGESCHIRMTE BÄDER

■ Denken Sie daran, dass ein aufwendiger Umbau schnell das Doppelte oder Dreifache von dem kosten kann, was Sie anfänglich veranschlagt haben.

■ Eventuell müssen alte Armaturen vor dem Einbau restauriert werden. Bei der Handwerkskammer erfahren Sie Adressen einschlägiger Fachbetriebe.

■ Antike Armaturen haben einen besonderen Charme. Trotzdem sollten Sie unbedingt auf einwandfreie Funktion achten.

■ Ersatzteile sind oft schwer zu beschaffen, weil sich z. B. die Standards für Rohrquerschnitte und Hahndurchmesser im Lauf der Jahre verändert haben. Eventuell können Sie aber improvisieren: Dichtungen lassen sich z. B. leicht aus einem Stück Gummi zuschneiden.

■ Falls Ihnen der Einbau antiker Armaturen zu riskant ist, können Sie viele Nachbauten solcher Modelle mit modernster Installationstechnik kaufen. Die altmodischen Wasserhähne, die preiswert in Baumärkten angeboten werden, sind oft nur billige Imitationen in minderer Qualität, auf die Sie besser verzichten sollten.

tung. Das Design dieser Zeit harmoniert gut mit den schlichten, geschwungenen Linien des modernen Einrichtungsstils.

Damit der Blick aus dem Schlafbereich ins Bad nicht gestört wird, wurde auf eine Duschwanne verzichtet. Das Wasser läuft direkt durch einen Abfluss in den blauen Fliesen ab. Der große Duschkopf mit dem enormen Wasserdurchfluss ist eine echte Antiquität aus den dreißiger Jahren, er wurde lediglich dem heutigen Installationssystem angepasst. Bei dieser Art Dusche ist es wichtig, dass der Boden ein Gefälle zum Abfluss hin hat, damit das Wasser nicht ins Schlafzimmer fließt. Allerdings kann man auch in einer Duschwanne durchaus Überschwemmungen produzieren.

Stileinheit durch Originaldetails

Viele Details wie Wasserhähne, Waschbecken und Heizkörper stammen aus Abbruchhäusern und wurden wieder in Stand gesetzt. Das ist nicht immer leicht, weil oft keine passenden Dichtungen und ähnliche Ersatzteile zu bekommen sind. Natürlich kann man Dichtungen selbst zuschneiden, dann braucht man aber einen verständnisvollen Klempner. Einige Firmen haben sich auf das Restaurieren alter Armaturen, Heizkörper oder Parkettfußböden spezialisiert, ihre Dienste sind aber nicht gerade preiswert. Auch Marmorplatten können professionell gereinigt und aufpoliert werden.

4

5

Rechts außen: Durch das schräge Glasdach fällt Tageslicht ins Schlaf-Bade-Zimmer, das im Untergeschoss liegt.

1 Die schlichte, geometrische Linienführung und ein Minimum an Dekoration lassen das Bad sehr modern aussehen. Der große Brausekopf ist ein restauriertes Original aus den 30er-Jahren. Die Wanne ist in einen Sockel aus Betonziegeln eingelassen, die gegen Feuchtigkeit versiegelt und dann mit den gleichen blauen Mosaikfliesen verkleidet wurden wie Boden und Decke.

2 Auch Wasserhähne und Waschbecken sind Antiquitäten, die aufgearbeitet wurden.

3 Die Toilette ist unspektakulär und praktisch, sie versteckt sich hinter einer der deckenhohen Türen.

4 + 5 Dichtungen für solche alten Wasserhähne werden heute nicht mehr hergestellt. Es ist aber ganz einfach, sie aus einem Stück Gummi selbst zuzuschneiden.

Farbe

Duft

Rollcontainer

Standspiegel

Individuelle Schachteln

Stauraum ist der Schlüssel zur stilvollen Behaglichkeit. Größere Kleidungsstücke sind auf Bügeln am besten untergebracht. Schubladen, Kästen und Schachteln für Kleinigkeiten sorgen für Übersicht und Ordnung. Ein Schlafzimmer als Mehrzweckraum ist fast immer ein Gewinn. Sorgen Sie aber dafür, dass alles seinen Platz finden kann.

Zeitgemäße Formen

Flexible Möbel

Wäschekorb mit Sitz

Nutzen Sie die Wandhöhe. Wählen Sie Heizkörper hochkant statt quer, hängen Sie kürzere Kleidungsstücke in zwei Etagen in den Schrank, experimentieren Sie mit verstellbaren Einlegeböden. Auch Stiefel, Krawatten, Schals und Gürtel können hängen. Praktisch sind Bügel, die gleich mehrere Kleidungsstücke fassen, sowie Stoffregale zum Aufhängen.

Praktische Truhe

Stauraum zum Aufhängen

Designer-Linoleum

Heizung und Handtuchtrockner

Sessel zum Entspannen

Leselampe

Schöne Bettwäsche

Farbige Glyzerinseife

Im Schlafzimmer ist die Ausgewogenheit zwischen Funktion und Behaglichkeit besonders wichtig, denn guter Schlaf ist ebenso lebensnotwendig wie eine gesunde Ernährung. Ein Bett sollte Liegekomfort und einige Extras für die Bequemlichkeit bieten. Mit Sesseln, Wolldecken und edler Bettwäsche gönnen Sie sich Ihre Portion Luxus.

Kuschelige Wolldecken

Schlichte Behaglichkeit

Innovative Möbel

Zierliche Kommode

Große Schubladen

Stauraum auf Rollen

Kommoden können groß oder klein, modern oder antik sein, Rollen haben oder fest stehen – sie sind in jeder Form praktisch. Eine Kommode sorgt auch im Badezimmer für angenehme Ordnung. Es muss kein maßgeschneidertes Badezimmermöbel sein, Sie können auch eine Kommode aus einem anderen Zimmer entführen.

Platz für viele Kleinigkeiten

Ordnung im Bad

Wohnfläche mal

Höhe

Oft kann man wertvollen Platz gewinnen, wenn man die Höhe der Räume geschickt ausnutzt. Diele, Treppenhaus, Souterrain und Kellergeschoss bieten viel Platz, der oft bei der Einrichtung vergessen wird. Auch wenn die Bodenfläche gering sein mag, lohnt es sich, in solchen toten Winkeln jeden Quadratzentimeter zu nutzen. Wo jeder Zentimeter zählt, kann man sich keine Fehler leisten. Kontrollieren Sie alle Maße genau und prüfen Sie auch die Bewegungsfreiheit (etwa ob eine große Person Platz genug zum aufrechten Stehen hat). Beginnen Sie mit den Einbauten erst, wenn Sie ganz sicher sind, die richtige Lösung gefunden zu haben.

Am einfachsten lässt sich in der Höhe Platz für zusätzlichen Stauraum nutzen. Bücherregale können auch in schmale Flure oder enge Nischen eingebaut werden – etwa neben einer Tür oder um eine Tür herum, an der Flurwand entlang, unter einem Fenster und sogar im Treppengeländer. Auch ein kleiner Arbeitsplatz, eine Toilette oder eine Dusche könnte in einer ungenutzten Nische untergebracht werden. Vergessen Sie auch den Dachboden nicht. Wenn Sie ihn nicht ausbauen wollen, ist dort viel Platz für einfache Einbauschränke. In hohen Räumen schafft eine eingezogene Zwischendecke oder ein Podest mit Bodenklappe Platz für selten benutzte Dinge.

USA

Heimbüro unter der Treppe

Dieser kompakte Arbeitsplatz nutzt den Raum unter der Treppe optimal aus. Oft wird dieser Platz vergessen oder als Rumpelecke vergeudet. An Stelle eines Treppengeländers reicht hier ein offenes Regalsystem vom Fußboden bis zur Decke. Dadurch kann aus dem ersten Stock Licht nach unten fallen. Ein raffiniertes Aufbewahrungssystem ist unter den Stufen eingebaut: von kleinen Fächern ganz unten bis zu Regalen in Augenhöhe. Durch die kräftigen Blau- und Ockertöne wirkt die Arbeitsnische warm und behaglich.

Regale statt eines geschlossenen Geländers nutzen den Platz in der Höhe und lassen viel Licht durch. Hier sind die Regale zur Treppe und zum Raum hin offen. Eine Rückwand aus Glas oder farbigem Acrylglas würde vor Staub schützen und doch genügend Licht durchlassen.

Jeden Winkel nutzen

In diesem Entwurf der Architektin Melissa Merryweather ist jeder Winkel unter der Treppe optimal ausgenutzt. Für einen Arbeitsplatz ist dieser Bereich sehr klein, darum musste sorgfältig und absolut akkurat geplant werden. Jedes Detail war millimetergenau ausgearbeitet, ehe mit dem eigentlichen Bau begonnen wurde. Solch ein Einbau ist leichter zu verwirklichen, wenn gleichzeitig auch die Treppe neu eingebaut oder umgebaut wird, weil dann die Steigung und Stufenhöhe entsprechend ausgelegt werden können. Das ist aber nicht zwingend nötig.

Überlegen Sie zuerst, wie viel Kopf- und Ellenbogenfreiheit Sie benötigen. Es ist völlig unmöglich, effizient zu arbeiten, wenn Sie sich den Kopf anstoßen, sobald Sie sich vorbeugen, um etwas aus einem Schrank zu holen. Die Treppenschräge darf sich nicht bedrohlich nahe über Sie neigen und ein beklemmendes Gefühl erregen.

Notieren Sie daher alle Tätigkeiten, die Sie an dem Platz ausüben, einschließlich der Zeit, die Sie damit täglich zubringen. Der Arbeitsplatz hier wird beruflich genutzt, ist zugleich aber auch „Verwaltungszentrale" der Familie. Etwa 4–8 Stunden in der Woche wird dieser Platz beansprucht, also arbeitet hier kaum jemand länger als eine Stunde durch. Damit lässt sich festlegen, welche Kompromisse eingegangen werden können. Auf so engem Raum wäre eine große Schreibplatte und ein ergonomisch ausgereifter Bürostuhl beispielsweise nicht unterzubringen. Weil hier jedoch niemand lange sitzt, reicht ein einfacher Hocker aus, und dafür kann die Arbeitsfläche größer ausfallen.

Beim Stauraum sollten Sie allerdings keine Kompromisse machen. Da der Platz zwischen Wand und Treppe exakt vermessen wurde, können hier erstaunlich viele Ordner und Kästen untergebracht werden. Unter der Arbeitsplatte muss wegen der Kniefreiheit ein Bereich frei bleiben, doch seitlich davon können DIN-A4-Kästen auf dem Boden stehen. Darüber befindet sich ein Regal für Ablagekörbe. In Augenhöhe über der Arbeitsplatte wurde ein Fach für Ordner eingebaut und darunter, der Neigung der Treppe folgend, zwei offene Regale und ein tiefer Schrank für allerlei Büromaterial. Auf der Arbeitsplatte und im seitlichen Regal an der Treppe ist Platz für weitere Ordner und Kästen mit Disketten oder CDs.

Gutes Licht ist in solchen Winkeln besonders wichtig. Ein bisschen Tageslicht sollte vorhanden sein, schon das kleinste Fenster

1 Sauber beschriftete Ablagekästen sind praktisch, wenn der Platz knapp ist. Wenn Sie verschiedene Farben wählen, finden Sie sich noch leichter zurecht.

2 Das Regal hat auch statischen Wert, es stützt das Obergeschoss. Im Normalfall wäre hier eine Mauer, die den Raum stark verdunkeln würde.

1

2

3

GRUNDRISS

(1) Hocker. (2) Arbeitsplatte. (3) Regale und Schrank (nach Maß unter die Stufen gebaut) für Ordner. (4) Telefon. (5) Computer. (6) Ablagekästen oberhalb des Schreibtisches, darunter zwei weitere offene Regale. (7) Offene Regale statt eines Treppengeländers. (8) Treppe zum Obergeschoss.

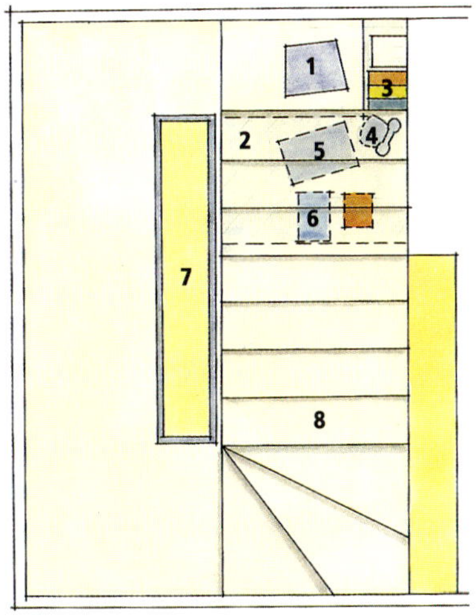

wertet eine dunkle Ecke auf. Ist kein Fenster vorhanden und kann keines eingebaut werden, sollten Sie Licht „ausleihen". In diesem Fall fällt es durch die Oberlichter im Dach und gelangt wegen der offenen Treppenkonstruktion bis ins untere Geschoss. In fast jede Diele lässt sich auf diese Weise Tageslicht hereinholen. Auch die elektrische Beleuchtung muss gut durchdacht sein. Halogenlicht kommt dem Tageslicht am nächsten, außerdem benötigen die Einbaustrahler kaum Platz. Um eine Schreibtischlampe zu sparen, sollten Sie verstellbare Einbaustrahler verwenden. Wichtig ist, dass keine Lichtreflexe auf dem Computerbildschirm entstehen. In Fluren und Treppenhäusern sollten Sie besonders auf Brandschutz achten, deshalb wurden hier Strahler in feuersicheren Gehäusen eingebaut. Auch die übrigen Einbauten bestehen, soweit möglich, aus schwer entflammbaren Materialien.

Der Bereich unter der Treppe fällt stark ins Auge. Kräftige warme Farben wie Ocker, Grau und Blau sorgen dafür, dass der Anblick angenehm ist. Es lohnt sich, für Ablagekästen etwas mehr auszugeben und Farben zu wählen, die zu den Einbauten passen.

3 Der tiefe Schrank passt genau unter die Treppe. In die nächsthöhere Stufe wurde ein Strahler eingebaut.

4–6 Regale in verschiedenen Höhen schaffen jede Menge Stauraum. Weiter oben können Vasen und andere Gegenstände untergebracht werden.

4

5

6

CHECKLISTE: HEIMBÜRO UNTER DER TREPPE

- **Planungsfehler können wertvollen Platz kosten. Gehen Sie daher in Gedanken einen Tag am Schreibtisch genau durch, und gestalten Sie sich die Arbeit möglichst angenehm. Messen Sie alle nötigen Bewegungsfreiräume aus, z. B. den Platz zum Sitzen, zum Vorbeugen und zum Aufstehen. Prüfen Sie Kopf- und Ellenbogenfreiheit nach oben und zu den Seiten hin.**

- **Messen Sie aus, wie viel Platz Sie für Arbeitsplatte, Sitzplatz und Stauraum benötigen. Können Sie alles unterbringen? Wo sind Kompromisse möglich? Wenn Sie mehrere Stunden am Tag hier arbeiten, ist ein guter, federnder Stuhl mit verstellbarer Rückenlehne und Rollen sinnvoll.**

- **Planen Sie genügend Steckdosen für Computer, Fax, Drucker und Telefon ein. Ein Verlängerungskabel ist eine Stolperfalle und schon darum indiskutabel.**

- **Sorgen Sie für gute, brandsichere Beleuchtung.**

- **Messen Sie den Platz für Regale und Schrankfächer exakt aus. Planen Sie auch Bereiche für kleine Fächer und Kästen ein, um wirklich jeden Zentimeter optimal auszunutzen.**

Küche: In die Tiefe gehen

Das Hauptproblem beim Ausbau von Untergeschossen ist der Mangel an natürlichem Tageslicht. Normalerweise sind Keller als Lagerräume gedacht und nicht zum Wohnen konzipiert. Das war auch in dieser Wohnung nicht anders, die sich in einer ehemaligen Druckerei befindet. Ein großzügiger Durchbruch der Decke zwischen Unter- und Erdgeschoss löste das Problem, denn jetzt flutet das Tageslicht durch die oberen großen Fenster bis in die offene Küche im Untergeschoss.

Über einen Steg gelangt man zur Treppe ins Untergeschoss. Durch die enorme Deckenhöhe lassen sich in der Küche reichlich Schränke unterbringen. So wird auch der dunklere Bereich gut ausgenutzt.

Kreative Planung

Um den Kellerraum nutzen zu können, ließ Kochbuchautor und Designer Alastair Hendy eine große Öffnung in die Geschossdecke durchbrechen. Nun dringt auch bis ins Untergeschoss das Tageslicht, das durch die bodentiefen Fenster im Erdgeschoss fällt. Über das „Loch" im Fußboden führt ein schmaler Steg zur Treppe, die nach unten geht. Zusätzlich wurden die alten Kellerfenster durch größere Glasscheiben im Stil der übrigen Fenster ersetzt. Metallgitter aus dem Gewerbebedarf, die sich auf Knopfdruck schließen lassen, schützen die Kellerfenster vor Glasbruch sowie Einbruch.

Das Ergebnis des Fußboden-Durchbruchs und der vergrößerten Fenster ist eine Küche, die im Ess- und Arbeitsbereich keine Decke hat. So ist ein großer, breiter Lichtschacht entstanden, durch den ausreichend Licht in die seitlichen Bereiche mit Schränken und Herd fällt, wo die ursprüngliche Deckenhöhe erhalten blieb. Mit Hilfe eines Druchbruchs im Erdgeschossboden könnte man aus einem Kellerraum mit niedriger Decke auch ein behagliches Wohnzimmer machen. Zwar geht ein Teil der Stellfläche im Erdgeschoss verloren, doch gewinnt man dafür neuen, gut ausgeleuchteten Platz im Untergeschoss.

Eine Küchenwand besteht aus Glasbausteinen. Deshalb konnte im Keller ein weiterer Raum ausgebaut werden, der ebenfalls Tageslicht erhält: ein kombiniertes Schlaf-Badezimmer (siehe Seite 91–94). Ein Teil des Schlafbereichs ragt über die Außenmauer des Erdgeschosses hinaus. Dieser Teil wurde mit Platten aus undurchsichtigem Strukturglas überdacht, diese sorgen für noch mehr Tageslicht von oben. Oberlichter sind ungemein praktisch. Durch ein kleines Oberlicht fällt mindestens so viel Tageslicht in einen Raum wie durch ein großes, konventionelles Fenster. In manchen Fällen kann man ein Kellergeschoss sogar unter der Gartenebene ausbauen und durch Glaskuppeln im Rasen Licht in den Raum holen.

Da die Küche im unteren Stockwerk liegt, ist sie vom Wohnbereich aus nicht gleich einzusehen. Wer sich also auf dem Sofa entspannen will, muss nicht auf Töpfe, Pfannen und andere Küchenutensilien schauen. Trotzdem bleibt die Gesamtwirkung der Wohnung luftig und offen, weil der Blick auf den Verbindungssteg und die Treppe nach unten fällt. Günstig ist es, wenn die Bereiche optisch miteinander verbunden werden. Hier bilden Industriefußböden, große Möbelstücke und eine dezente Farbigkeit das Bindeglied.

3

4

1 Das moderne Industriedesign passt gut zum Gebäudestil und bildet zugleich optisch eine Brücke zwischen Erdgeschoss und Keller.

2 Eine schlichte, offene Treppe führt nach unten in die Küche.

GRUNDRISS

(1) Wohnbereich mit Sofa und Kamin. (2) Verbindungssteg zur Treppe. (3) Treppe ins Untergeschoss. (4) Arbeitsfläche mit Spüle. (5) Arbeitsfläche. (6) Herd. (7) Schränke unter der Treppe.

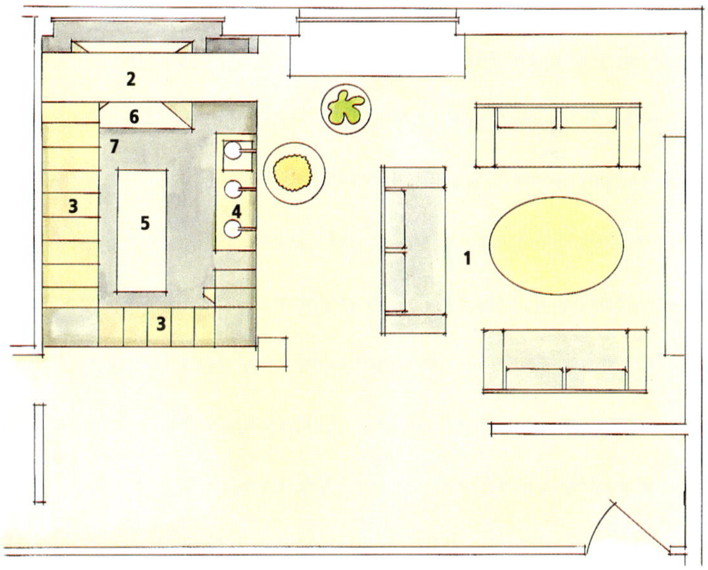

3, 4 + 5 Die Küche ist zum Wohnbereich hin offen. Da sie jedoch im unteren Stockwerk liegt, fallen Töpfe, Pfannen und andere Utensilien nicht gleich ins Auge. Die Fotos zeigen die Öffnung im Erdgeschoss-Fußboden, den Steg und die Treppe nach unten.

CHECKLISTE: UNTERGESCHOSS-AUSBAU

■ Schon ein wenig Tageslicht kann Kellerräume völlig verwandeln. Versuchen Sie, einen Lichtschacht zu schaffen, indem Sie einen Teil der Geschossdecke nach unten öffnen oder ein Oberlicht zum Garten einbauen.

■ Licht von oben ist viel wirkungsvoller als Fenster in den Seitenwänden. Durch ein Oberlicht fällt etwa so viel Licht wie durch ein konventionelles Fenster mit vierfacher Fläche.

■ Wenn Sie mehrere Räume ausbauen, versuchen Sie, Licht „abzuzweigen". Bauen Sie statt geschlossener Mauern Wände aus Glasbausteinen oder Strukturglas ein, die Licht durchlassen.

■ Selbst die Art der Treppe wirkt sich auf die Helligkeit im Keller aus. Durch eine offene Treppe mit einem leichten Metallgeländer fällt viel mehr Licht als durch eine geschlossene Treppe.

■ Denken Sie an die Sicherheit. Ungeschützte Kellerfenster können eine Einladung für Einbrecher sein.

■ Holen Sie eine Umbaugenehmigung ein und lassen Sie die Baumaßnahmen von einem Fachmann ausführen oder zumindest abnehmen. Wenn Sie auf solche Formalitäten verzichten, könnten bei einem eventuellen, späteren Verkauf der Wohnung Probleme auftreten.

Image

Nischen-platz für den PC

Selbst eine Nische in der Diele oder auf dem Treppenabsatz kann ausgenutzt werden. Früher war Wohnfläche noch preiswerter und Hausbesitzer konnten großzügig planen. So entstanden Winkel, die sich jetzt für einen kleinen Schreibtisch zum Beispiel anbieten. Durch Treppenhäuser fällt oft reichlich Licht in die angrenzenden Bereiche. Diese Helligkeit kann man für einen kleinen Arbeitsplatz nutzen.

Eine helle Ecke am Fuß der Treppe ist groß genug für einen kleinen Arbeitsplatz, der nur gelegentlich benutzt wird. Wenn Schreibtisch und Stauraum geschickt konzipiert sind, lässt sich in einer solchen Nische verblüffend viel unterbringen.

Mini-Büro

Ein früherer Besitzer hatte in dieser Ecke ein Gäste-WC eingerichtet. Nachdem es entfernt worden war, fiel durch das große Fenster wieder viel Licht in das Treppenhaus. So entstand ein heller Bereich für einen Schreibtisch, an dem allerdings nur ab und zu gearbeitet wird. Wer seinen Beruf ausschließlich zu Hause ausübt, wird natürlich mehr Platz benötigen. Private Schreibarbeiten, Hausaufgaben und andere Dinge lassen sich jedoch hier gut erledigen und entlasten die anderen Räume des Hauses.

Unkomplizierter Schreibtisch

Es ist unwahrscheinlich, dass Sie einen Schreitisch finden, der genau in solch eine Nische passt. Trotzdem ist keine kostspielige Maßarbeit vom Tischler nötig. Lassen Sie sich einfach eine passende Arbeitsplatte aus Massivholz oder laminiertem Sperrholz zuschneiden und montieren Sie diese auf Unterschränke oder Böcke. Wichtig ist, dass die Platte stabil ist und sich nicht verzieht oder durchhängt. Sehen Sie sich einmal im Baumarkt bei den Küchenarbeitsplatten um.

Der Arbeitsplatz ist so dimensioniert, dass der Stuhl den anderen Hausbewohnern nicht den Durchgang zur Treppe versperrt.

GRUNDRISS
(1) Fenster. (2) Schreibtisch. (3) Computer. (4) Rollcontainer. (5) Stuhl. (6) Treppe.

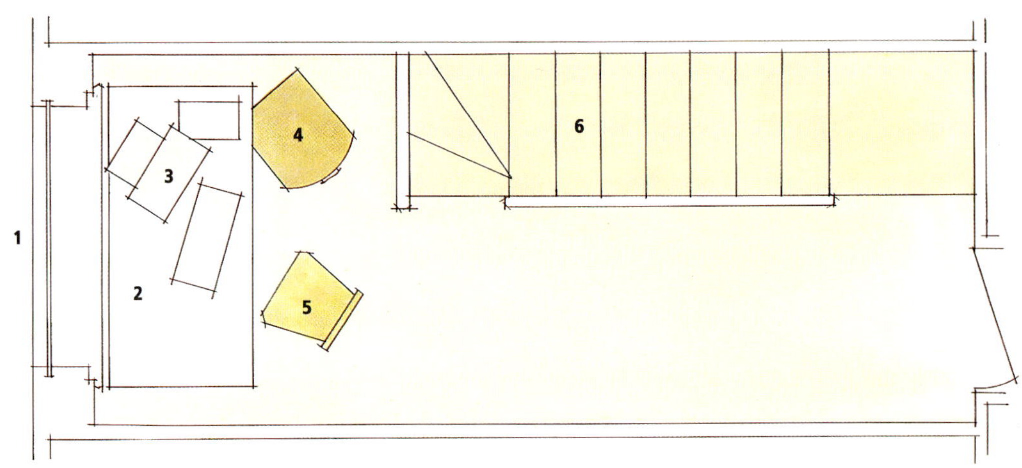

Massivholz aus Buche in der erforderlichen Stärke ist gar nicht so teuer. Laminiertes Sperrholz wird mit vielen attraktiven Oberflächendekors angeboten und ist noch preiswerter. Wenn Sie auf dem Schreibtisch einen PC unterbringen wollen, sollten Sie zwei Dinge bedenken. Erstens muss die Platte tief genug für Bildschirm und Tastatur sein. Zweitens sollten die vielen Kabel ordentlich hinter dem Schreibtisch entlanggeführt werden, statt über die Arbeitsplatte zu laufen. Eventuell muss ein Stück der hinteren Plattenkante ausgespart werden, oder Sie lassen einfach einen kleinen Abstand zwischen Platte und Wand.

Da man an solch einem Arbeitsplatz täglich viele Male vorbeigeht, ist es wichtig, dass er ansprechend aussieht. Planen Sie den Stauraum genau. Sorgen Sie dafür, dass jedes Utensil seinen Platz finden kann. Vergessen Sie auch den Papierkorb nicht. Oft sind es die einfachen Dinge, die man übersieht.

1

2

3

1 Dekorative Behältnisse für Kleinkram wie Briefmarken und Büroklammern sorgen dafür, dass der Arbeitsplatz einen schönen Anblick bietet.

2 Durch das Fenster fällt viel Licht auf den Schreibtisch. Ein einfacher Rollo verhindert mögliche Lichtreflexe auf dem Bildschirm und braucht nicht den Platz wie Gardinen. Außerdem stößt man leicht beim Zuziehen der Gardinen Dinge auf dem Schreibtisch um.

3 Eine einheitliche Farbgebung von Arbeitsplatte, Schränken und Stuhl, etwa in Weiß oder klaren Pastelltönen, macht den Arbeitsplatz zu einer in sich geschlossenen, dezenten Einheit. Ein auffallend bunter Schrank dagegen zieht nur unnötig Blicke auf die fast unvermeidliche Unordnung in diesem Bereich.

CHECKLISTE: BÜRONISCHE IM TREPPENHAUS

- Achten Sie darauf, dass Stühle, Rollcontainer oder ausziehbare Arbeitsplatten den Durchgang auf der Treppe auch dann nicht versperren, wenn am Schreibtisch gearbeitet wird. Es ist lästig und nicht ungefährlich, wenn man gerade in diesem Bereich Hindernissen ausweichen muss.

- Sorgen Sie dafür, dass Sie bei der Arbeit nicht beengt sind. Wichtige Kriterien sind die Höhe von Tischplatte und Stuhl, die Größe der Arbeitsfläche und der einfache Zugriff auf Schränke und Fächer.

- Alle Kabel und Stecker sollten hinter dem Schreibtisch verschwinden. Sie werden leicht zu Stolperfallen. Besonders in Bereichen mit viel Durchgangsverkehr stellen sie eine Gefahr dar.

- Dekorieren Sie sparsam. An einem so kompakten Arbeitsplatz sind kunstvolle Vorhänge oder schmückende Kleinigkeiten eher im Weg.

- Wenn Sie keinen passenden Schreibtisch finden, lassen Sie sich eine Arbeitsplatte aus Massivholz oder laminiertem Sperrholz maßgenau zuschneiden und montieren Sie diese auf Unterschränken oder Böcken.

Sonnige Sitzecke im Giebel

Die sonnige Sitzecke auf dem obersten Treppenabsatz eines kleinen Landhauses wirkt schon auf den ersten Blick ruhig und entspannend. Tatsächlich wurde hier jeder Winkel durchdacht und ausgenutzt, damit Stauraum für die angrenzenden Schlafräume entsteht und trotzdem Platz genug bleibt für eine Ecke, in die man sich vom Trubel des Wohnzimmers zurückziehen kann.

Früher lag hier das Schlafzimmer des kleinen Hauses, von dem zwei Türen in kleinere Kammern führten. Jetzt ist eine gemütliche Sitzecke entstanden (kleines Foto).

An den Wänden wurden passgenaue Schränke eingebaut. Dadurch wird in den Kammern selbst viel Platz gewonnen, die nur als reine Schlafräume dienen.

Offener Platz

Zwei ehemals separate Hälften einer Landarbeiterkate wurden zu einer Wohnung zusammengefügt. Ursprünglich führte die Treppe direkt in das Schlafzimmer, von dem man durch zwei Türen in kleine Kammern gelangte. Die zweite Hälfte des Hauses, in die eine Verbindungstür führt, hat einen exakt spiegelbildlichen Grundriss. Es ist verlockend, in diesem Dachgeschoss Wände zu ziehen und ein zusätzliches Schlafzimmer einzurichten. Dadurch würde der Bereich aber sehr dunkel und bedrückend wirken. Auf den ersten Blick mag es wie Verschwendung scheinen, den Platz einfach frei zu lassen. Durch die diskret eingebauten Wandschränke und die Kommoden ist hier jedoch viel Stauraum entstanden. Die angrenzenden Kammern können ausschließlich als Schlafräume genutzt werden, weil dort nur Bett und Nachtschrank stehen müssen.

Auf Details kommt es an

Die Schranktüren und die Durchgangstür zur anderen Haushälfte schließen bündig mit der Wand ab und sind völlig schlicht. Selbst die Türgriffe sind durch Schnappverschlüsse ersetzt worden, so dass die Schränke kaum ins Auge fallen. Unter den Dachschrägen sind niedrige, tiefere Schränke eingebaut worden, die jeden Zentimeter ausnutzen. Noch mehr Stauraum findet sich in den offenen, abgestuften Regalen.

Es ist nicht einfach, passende Vorhänge für kleine Landhausfenster zu finden. Der glatte Querbehang mit Bogenkante passt gut zum Stil und erdrückt das Fenster nicht. Das Karomuster in kräftigem Pink bringt Farbe in den Raum, wirkt aber zugleich schlicht und nicht zu niedlich. Die Wände sind in einem sanften Cremeweiß gestrichen. Das entspricht dem Stil des alten Hauses, denn blütenweiße Wandfarben kamen erst um 1920 auf den Markt. Die hellen Wände reflektieren das Sonnenlicht. Auch die Möbel sind schlicht und unkompliziert. Aufwendige Sessel mit edlen Bezügen wären in diesem kleinen Landarbeiterhaus, das vor einigen hundert Jahren für arme Leute gebaut wurde, ein Stilbruch. Karos und Streifen wirken in Kombination mit dem alten Holz frisch und zeitlos. Gut ist auch, dass mit Dekorationen sparsam umgegangen wurde. Tupfer in fröhlichem Gelb und die Sammlung von blau-weißem Porzellan passen gut zu den hellen Wänden und dem warmen Holz der Sessel. Zu viele Farben oder Muster würden miteinander konkurrieren und den Raum um seine Frische und Leichtigkeit berauben.

Der Raum ist mit Liebe zum Detail eingerichtet. Das Treppengeländer wurde vom Tischler nach Entwürfen der Bewohner angefertigt, der Heizkörper verschwindet hinter einer Verkleidung mit einer Ablage. Die Balken an der Decke blieben erhalten, um den Stil des alten Hauses zu bewahren.

GRUNDRISS

(1) Einbauschrank. (2) Fenster. (3) + (4) Kommoden aus Kiefernholz. (5) Sessel. (6) Tisch. (7) Treppe. (8) Eingang.

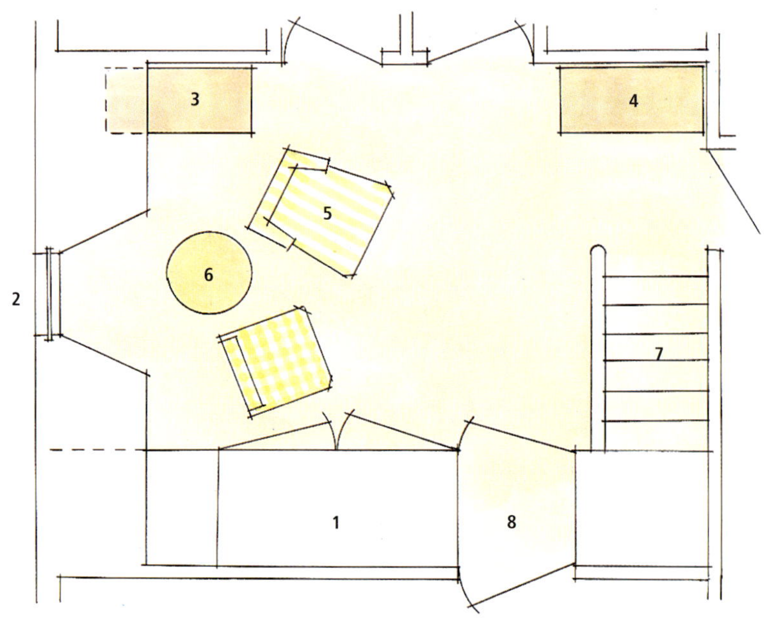

1 + 2 Durchgangstür und Einbauschränke schließen bündig mit der Wand ab und sind so schlicht, dass sie kaum ins Auge fallen.

3 Abgestufte Regale nutzen auch den Platz unter den Dachschrägen aus.

4 Die einfachen, farbenfrohen Gardinen und die Heizkörperverkleidung sind praktisch und zeitgemäß, passen aber auch gut zum Stil des Hauses.

5 Die Sammlung aus blau-weißem Porzellan reicht als Dekoration in diesem schlichten, ruhigen Raum vollkommen aus.

CHECKLISTE: SITZECKE IM GIEBEL

■ Wenn Sie unauffällige Wandschränke einbauen möchten, sollten Sie möglichst auf aufwendige Scharniere und Griffe verzichten. Magnet- oder Schnappverschlüsse sind kaum sichtbar.

■ In kleinen Räumen fallen feste Einbauten besonders ins Auge. Wenn Treppengeländer, Brüstung und Heizkörperverkleidung zusammenpassen, wirkt der Raum ruhiger und wesentlich größer.

■ Auch Bezugsstoffe, Vorhänge und Teppich sollten miteinander harmonieren, damit im Raum eine ruhige und erholsame Atmosphäre entsteht.

■ Bei Altbauten macht es einen großen Unterschied, ob Möbel und Gestaltungsdetails zum Stil des Hauses passen oder einen Kontrast bilden.

■ Zarte, aber lebendige Farben, weiße Wände und helle Bodenbeläge lassen den Raum heller und luftiger wirken. Dunkle Teppiche oder Bodendielen können kleine Räume leicht erdrücken.

Bücher im Treppenhaus

Das gesamte Treppenhaus dieser Wohnung ist als Stauraum umgewandelt worden. Im Erdgeschoss verbirgt sich unter der Treppe ein System aus Schränken und Schubladen, in der Stereoanlage, Fernseher und Zubehör untergebracht sind. Die Brüstungen auf den Treppenabsätzen sind zu Bücherregalen umgebaut worden. Alle Einbauten sind nach Maß getischlert, damit nicht ein einziger Zentimeter Stauraum verschenkt wird.

Die ehemalige Treppenbrüstung wird jetzt durch ein Bücherregal ersetzt. Die Fachböden sind unterschiedlich hoch, damit Bücher aller Größen hier Platz finden. In das kleinste Fach passen nur Taschenbücher, die größten Fächer sind auch für Bildbände geräumig genug.

CHECKLISTE: BIBLIOTHEK IM TREPPENHAUS

■ Wenn alle Bücher, Videos, Kassetten, CDs und Zeitschriften ordentlich verstaut sind, wirkt jede Wohnung wie verwandelt.

■ Sehen Sie sich nach Nischen um, die sich für Einbauten anbieten, um möglichst wenig Bodenfläche zu verschwenden. Einbaumöbel brauchen weniger Platz als frei stehende, darum passen sie auch in kleinste Winkel und enge Flure.

■ Messen Sie alle Fächer akkurat aus. Bedenken Sie dabei auch, dass Bücher verschiedener Größen untergebracht werden müssen wie etwa Bildbände, Romane und Taschenbücher.

■ Tiefe Schrankfächer sind unpraktisch, wenn man in ihnen etwas sucht. Nutzen Sie die Breite einer Treppe lieber für tiefe, schmale Schubladen, die sich weit herausziehen lassen. Selbst eine Schublade mit winziger Front fasst eine verblüffende Anzahl von Kassetten oder Disketten für den PC.

Jeden Winkel nutzen

Das Geheimnis dieser Einbauten ist, dass alle Winkel millimetergenau ausgemessen wurden. Die Schubladen haben exakt die richtigen Maße für Videos und Kassetten. Schrankfächer unter der Treppe wären viel zu tief, um derlei Dinge übersichtlich zu lagern. Fernseher und Stereoanlage sind in passenden Fächern untergebracht. In die Rückwände wurden Löcher gebohrt, durch die die Kabel verschwinden. Die Bücherregale haben unterschiedliche Bordabstände, so dass Bücher in drei verschiedenen Größen darin Platz finden können: Taschenbücher, größere gebundene Bücher und großformatige Bildbände. Etwas Platz in den Regalen blieb für dekorative Kleinigkeiten frei. Der warme Orange-Ton passt gut zur farblichen Gestaltung des gesamten Raumes.

Wenn der Platz unter der Treppe als Stauraum genutzt werden soll, muss er genau vermessen werden. Ein klassisches, japanisches Möbel

1 Durch die Stromlinienform wirkt das Bücherregal weniger sachlich und streng.

2 In ausgeklügelten Fächern unter der Treppe finden Fernseher, Stereoanlage und viel Zubehör Platz.

3 Kleine Schubladen sind wesentlich praktischer als große. Sie fassen eine verblüffende Menge an Videos, CDs oder Kassetten; trotzdem kann man darin leicht Ordnung halten.

GRUNDRISS
(1) Bücherregal und Stauraum unter der Treppe.
(2) Treppe.
(3) Bücherregal auf dem Treppenabsatz.

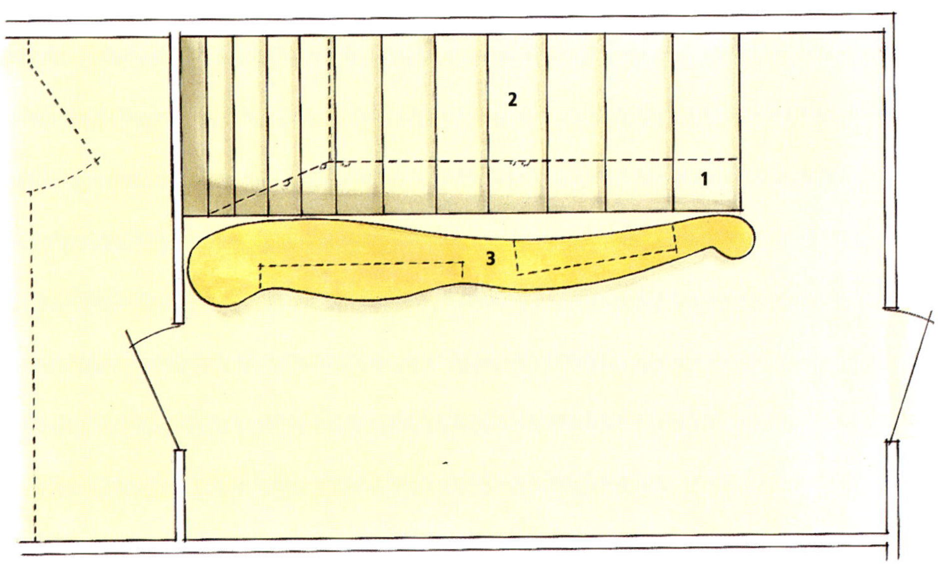

in Treppenform mit dem Namen kaidan-dansu gibt viele Anregungen, die auch für westliche Wohnungen hilfreich sind. Im unteren Bereich sind Schubladen sinnvoll, die sich weit herausziehen lassen. Steigt die Treppe höher, dürfen die Fächer größer werden. Hier können Kleider hängen oder größere Gegenstände verwahrt werden. Extra viel Stauraum gewinnen Sie, wenn Sie für bestimmte Dinge maßgeschneiderte Fächer vorsehen. In einem Standardschrank ist die Größe der Fächer festgelegt, und Sie müssen zusehen, wie Sie Ihre persönliche Habe darin verstauen. Wenn Sie beispielsweise die Waschmaschine unter der Treppe einbauen wollen, sollten Sie Platz für Waschpulver und anderes Zubehör berücksichtigen.

Noch mehr Stauraum

Auch im oberen Stockwerk ist der Bereich der Treppe in Stauraum umgewandelt worden. Das konventionelle Geländer wurde durch Bücherregale ersetzt. Die unteren Regalfächer haben Taschenbuchhöhe; die Bücher sind von der Treppe aus zugänglich. Weiter oben ist Platz für größere Bände und sogar für Ordner im DIN-A4-Format. Dieser Bereich liegt in der Brüstung und ist vom Treppenabsatz her erreichbar. Die Regale wurden aus einem geschwungenen Stück Holz zugeschnitten. Eine senkrechte Stütze in der hinteren Mitte gibt ihnen Stabilität. Als oberer Abschluss dient eine entsprechend zugesägte Küchenarbeitsplatte aus massiver Buche. Sie ist so stabil, dass hier auch einmal ein voller Wäschekorb abgestellt werden kann. Das Regal in der Brüstung ist gelb gestrichen, passend zum angrenzenden Bad. Es bildet einen schönen Kontrast zum Schlafzimmer in Blautönen, das ebenfalls von hier erreichbar ist.

Selbst in engen Dielen und Fluren kann mit ausgefeilten Ideen Stauraum geschaffen werden. Vor allem Bücher brauchen wenig Platz in der Tiefe, nutzen Sie darum die Höhe Ihrer Räume. Auch beidseitig und oberhalb einer Tür lassen sich Bücherregale anbringen. Etwas mehr als Taschenbuchtiefe reicht aus, um viele Bände zu verstauen. Ein solcher Türüberbau, der fast keine Fläche kostet, vermittelt den Eindruck, die Türe sei in eine besonders dicke Wand eingelassen.

1

2

3

Kochen auf höchstem Niveau

Der Dachboden muss nicht unbedingt zum Aufbewahren von allerlei Krimskrams verschwendet werden. Öffnen Sie die Decke des Obergeschosses und entdecken Sie ganz neue Möglichkeiten der Raumaufteilung, indem Sie eine Galerie einbauen. Hier schwebt eine Küche mit Essplatz auf halber Höhe zwischen Dach und Wohnzimmer: praktisch, originell und kommunikativ.

Vom Esstisch aus sieht man in das Wohnzimmer hinab. Blickkontakt ist auch von unten nach oben möglich (siehe kleines Foto). Man kann beim Kochen und Arbeiten bequem miteinander reden, trotzdem fällt der Blick von unten nicht gleich auf die typische Küchenunordnung. Dachfenster lassen den Raum hell und luftig wirken.

Ideenreiche Lösungen

Meist wird der Platz zwischen der Decke des oberen Stockwerks und dem Dach als Lagerraum benutzt. Überflüssiges, Unbenutztes, selten Gebauchtes verschwindet nach oben – Jahr für Jahr sammelt sich mehr an, und das meiste wird vergessen. Ist der Dachboden groß genug, kann man ihn ausbauen. Oft ist er aber so klein, dass die Deckenhöhe nicht ausreichen würde. Bauvorschriften machen Veränderungen an der Dachform schwierig. Es gibt aber noch andere Alternativen, die den Dachboden von seiner Rolle als Rumpelkammer befreien.

Überlegen Sie einmal, was Sie gewinnen, wenn Sie die Decke eines Raumes herausnehmen und den Raum zum Dach hin öffnen. So könnte aus einem bescheidenen Schlafzimmer ein gewaltiger, hoher Saal werden. Selbst wenn Sie die Höhe gar nicht weiter nutzen, gibt sie dem Raum optisch mehr Größe.

Je nach Grundriss des oberen Stockwerks, nach Lage und Steigung der Treppe könnten Sie einen Teil des Dachbodens für Wohnzwecke umdefinieren. Vielleicht gewinnen Sie gar nicht so viel zusätzlichen Raum, aber die Veränderung wird im ganzen Haus spürbar sein. Schon eine Dusche und Toilette im Dachfirst über der Treppe kann das Haus entlasten, weil ein zusätzliches Bad entsteht, ohne dass ein Schlafzimmer verkleinert werden muss.

Ist etwas mehr Platz unter dem Dach vorhanden, lohnt es sich, über den Einbau einer Galerie nachzudenken. So gewinnen Sie mehr Bodenfläche und können auch die übrigen Räume besser nutzen. Hier zieht sich die Galerie über eine Seite des Wohnzimmers. Die Hälfte der Wohnzimmerdecke hat konventionelle Höhe, im übrigen Bereich ist der Raum bis ins Dach hinein offen. Statt einer Küche – wie in unserem Beispiel – könnte auch ein Arbeits- oder Schlafplatz auf der Galerie eingerichtet werden. Hätte man beide Räume in einem Stockwerk unterbringen wollen, wären kleine Kammern entstanden. Ein Vorteil von Galerien ist, dass die geringe Stehhöhe unter der Dachschräge wegen der Offenheit zum unteren Raum hin nicht beengend wirkt. Hier ist ein großer, luftiger Raum entstanden, wo der Koch nicht isoliert ist.

Wer einen Raum ans Haus anbauen will, hat oft Schwierigkeiten mit der Genehmigung. Beim Einbau einer Galerie entfällt dieses Problem, weil das Äußere des Hauses unverändert bleibt. In einigen wenigen Fällen muss für den Einbau von Dachfenstern eine förmliche Genehmigung eingeholt werden. Vergessen Sie nicht, dass warme Luft nach oben steigt. Im Winter wird der Raum auf der Galerie kaum geheizt werden müssen. Sie sollten aber die Decke des darunter liegenden Stockwerks zusätzlich isolieren, damit nicht alle Wärme ins Dach entweicht. Im Sommer kann sich der Raum unter dem Dach erheblich aufheizen. Sorgen Sie unbedingt mit ausreichend Fenstern für gute Belüftung. Wenn Sie die Fenster gern länger offen lassen möchten, was bei Dachfenstern kein großes Sicherheitsrisiko darstellt, sollten Sie einen Typ wählen, der auch bei Regen die Räume darunter schützt.

Eine Galerie lässt viele Einrichtungsstile zu. In diesem Haus überwiegt die Farbe Weiß, die eine helle, freundliche Atmosphäre bewirkt und jeden Sonnenstrahl einfängt.

Links: Die kleine Küche wirkt durch ihre zarten Farben wohnlich. Ursprünglich besaß der Dachboden keine Stehhöhe, deshalb wurde beim Umbau die Decke des darunter liegenden Wohnzimmers ein Stück abgesenkt. Der Raum wirkt trotzdem groß und luftig, weil seine andere Hälfte bis zum Dach offen ist.

Rechts: Weiße Sessel und gewachste Bodendielen wiederholen das schlichte, natürliche Thema der Küche.

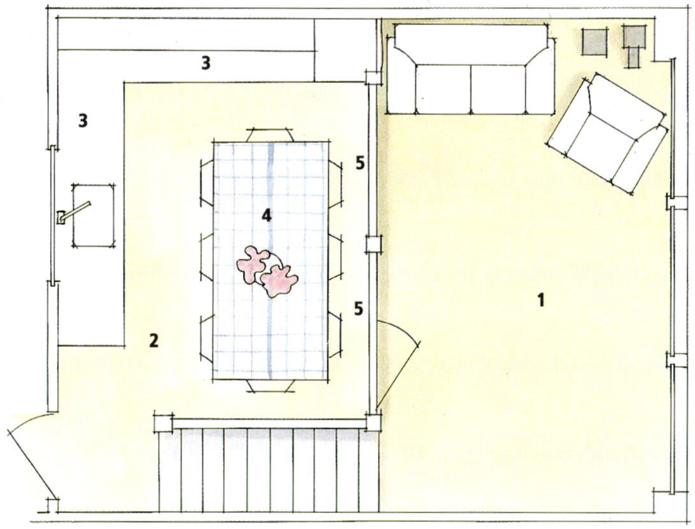

GRUNDRISS
(1) Wohnbereich
(2) Galerie zum Kochen und Essen
(3) Küchen-Einbauelemente
(4) Esstisch
(5) Brüstung zum Wohnbereich

CHECKLISTE: KÜCHE AUF DER GALERIE

■ In den meisten Fällen ist es kein Problem, ein Stück der Zimmerdecke zu entfernen. Trotzdem sollten Sie solche Arbeiten von einem Fachmann planen und ausführen lassen.

■ Unter dem Dach haben Heizung und Lüftung besonders große Bedeutung. Eine gute Isolierung verhindert Wärmeverlust durch das Dach, ausreichend Fenster sorgen für gute Lüftung.

■ Flache Dachschrägenfenster lassen mehr Licht in den Raum als Gaubenfenster. Der Einbau von Gauben ist in der Regel außerdem genehmigungspflichtig.

■ Faszinierend hell wird der Raum, wenn Sie ein Stück der Dachfläche durch ein Glasdach im Wintergartenstil ersetzen.

■ Achten Sie bei Brüstungen und Geländern besonders auf die Sicherheit, vor allem, wenn kleine Kinder im Haus sind.

■ Wenn eine Dusche unter dem Dach eingebaut werden soll, muss eventuell eine Pumpe integriert werden. Bei Toiletten gibt es Vorschriften über das Gefälle der Abflussrohre. Fragen Sie vorsichtshalber einen Fachmann.

Farbe

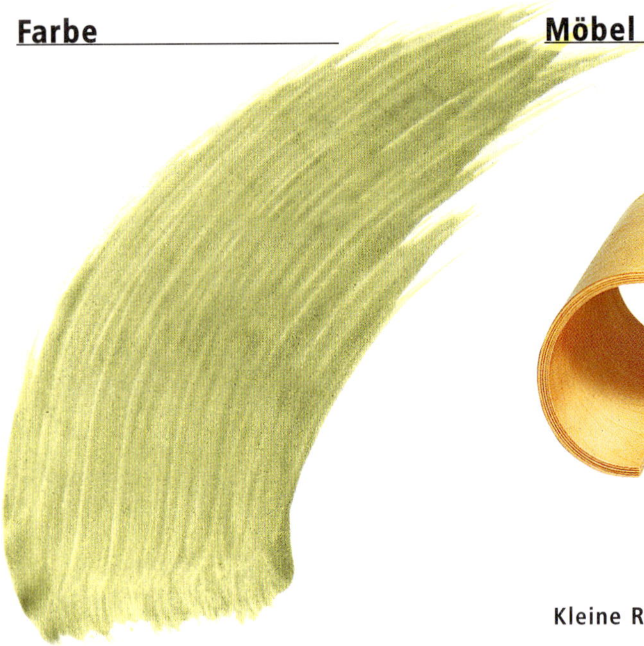

Möbel zum Stapeln

Kleine Räume gewinnen oft durch große Möbel. Kommoden sollten möglichst viele verschiedene Schubladenformate haben, dann lassen sich mehr unterschiedliche Dinge sinnvoll sortieren und verstauen. Wenige, schlichte, aber originelle Möbel sorgen dafür, dass Flure und kleine Räume nicht überfüllt aussehen.

Unterschiedliche Schubladen

Pfiffige Tischchen

Technik gekonnt versteckt

Kompakter Clubsessel

Gertenschlanker Heizkörper

Raumsparhocker

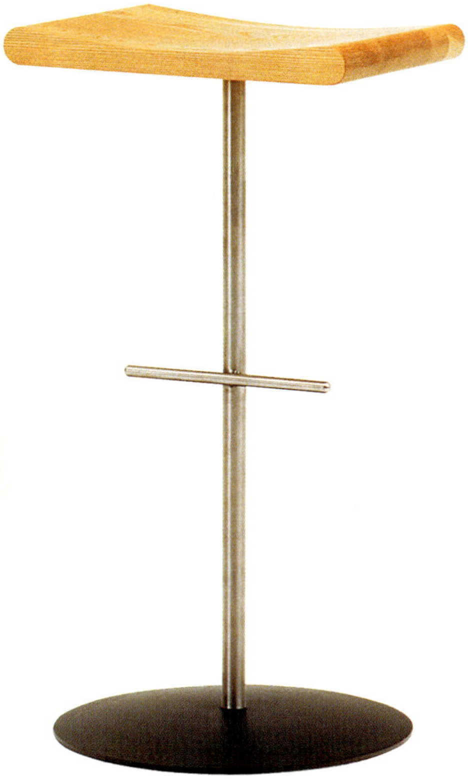

Wenn Sie eine ungünstig geschnittene Ecke einrichten wollen, nehmen Sie sich Zeit bei der Auswahl der richtigen Form und Größe, ob es nun um Sessel, Schränke, Tische oder Heizkörper geht. Das Angebot ist fast unermesslich: es gibt Heizkörper für die schmalsten Nischen und bequeme Sessel für die engsten Winkel.

Auffälliger Bodenbelag

Robuster Teppich

Hängeregal

Blockstreifen

Flure und Treppenhäuser wirken geräumiger, wenn sie in das Gestaltungskonzept des Hauses einbezogen werden. Durchgängige Wandfarben und Bodenbeläge lassen die Räume ineinander fließen und sorgen für optische Großzügigkeit. Auch die kleinste Wand bietet Platz für ein unterteiltes Regal, das für Ordnung sorgt.

Gelungenes Design

Klappmöbel

Raumgreifende Regale

Klappmöbel, frei stehend oder an der Wand befestigt, können aus einer kleinen Nische einen Raum machen. Was an der Wand hängt, schafft Platz auf dem Boden. Flure und Räume mit Durchbruch fallen aus jedem Blickwinkel ganz besonders ins Auge. Wählen Sie hier schlichte Formen und Farben, die zum Gesamtkonzept des Hauses passen.

Dekorative Regale

Schlichte Formen

Gläserne

Wohninsel

Ein Wintergarten kann nur ein Sommer- oder auch Ganzjahreszimmer sein. Prüfen Sie die Angebote mehrerer Hersteller, ehe Sie sich für ein Modell entscheiden, und lassen Sie sich nicht ausschließlich vom Preis leiten. Vergeben Sie den Auftrag nur an eine solide Firma mit Erfahrung im Wintergartenbau. Sehen Sie sich ruhig fertige Beispiele der Firma an, oder befragen Sie deren frühere Kunden.

Ein Wintergarten kann Wohn- oder Esszimmer sein, Küche oder Bad. Zwei Gebäudeteile können mit einem Wintergarten-Flur verbunden werden. Selbst wenn in einem Raum nur ein Teil des Daches verglast wird, kann das Ergebnis atemberaubend sein. Durch einen Wintergarten gewinnen Sie Platz im Erdgeschoss, wenn ein Stück der Außenmauer herausgebrochen und durch einen Stahlträger stabilisiert wird. Auch im Obergeschoss, etwa auf dem Dach eines Anbaus, kann ein Wintergarten errichtet werden. In Gegenden, wo die Baubestimmungen streng sind, bekommt man meist eher eine Baugenehmigung für einen Wintergarten als für einen massiven Anbau. Wenn der Wintergarten ganzjährig genutzt werden soll, sind Doppelverglasung, Heizung und gute Lüftung wichtig. Soll er nur im Sommer bewohnt werden, können Aufwand und Kosten geringer bleiben.

Wohnen mit Naturkontakt

Der Anbau eines Wintergartens ist oft die ideale Lösung, um mehr Licht in eine dunkle Wohnung zu bringen und gleichzeitig zusätzlichen Wohnraum zu gewinnen. Dieser große Wintergarten beherbergt Küche, Ess- und Wohnbereich. So kann die Familie das ganze Jahr über den Anblick ihres Bauerngartens genießen. Herd und Nassbereich der Küche liegen nahe beieinander; Geräte wie Kühlschrank, Tiefkühler und Fernseher sind hinter Schranktüren versteckt.

Natürliche Materialien wie unverputzte Ziegel, Buchendielen und Arbeitsplatten aus Granit verwischen die Grenzen zwischen drinnen und draußen. In der Kücheninsel ist ein praktisches, zusätzliches Spülbecken in die Arbeitsplatte aus Granit eingelassen. Der Herd liegt hinter den Säulen; hinter der Tür verbirgt sich ein kleiner Raum für Waschmaschine und Vorräte.

Flexibler Raum

Dieser Raum ist bis ins Detail durchdacht, obwohl er großzügige Ausmaße hat. In geräumigen Küchen neigt man dazu, sich auszubreiten und Unordnung zu hinterlassen. Das geht wiederum leicht zu Lasten der Behaglichkeit, Übersicht und Flexibilität. Hier nimmt der Küchensektor etwa ein Viertel der Gesamtfläche ein. Der Arbeitsbereich ist vom Herd nur einen Schritt entfernt, von der Spüle und den Geschirrschränken etwa drei Schritte. Das vereinfacht die Arbeitsabläufe in der Küche. Außerdem gewinnt man freie Fläche, die sich für andere Zwecke nutzen läßt. Hier kann man zum Beispiel essen, spielen oder feiern.

Die Kücheninsel liegt in einer Ecke des Raumes und nicht in der Mitte. Auf der Granit-Arbeitsplatte und dem großen Schneidebrett wird das Essen vorbereitet. Spülbecken, Mülleimer und ein Frühstückstresen mit Barhockern haben hier ebenfalls ihren Platz. Direkt nebenan steht ein großer, maßgetischlerter Schrank, in dem Kühlschrank, Mikrowelle und Fernseher untergebracht sind. Da die Geräte nicht gleich ins Auge fallen, wirkt die Küche wohnlich.

Spüle, Spülmaschine und Schränke für Glas und Geschirr passen in die Nische neben dem Wohnzimmer, in die früher eine kleine Pantry eingebaut war. So ist schmutziges Geschirr vom Esstisch aus nicht gleich zu sehen. Außerdem hat man beim Spülen von großen Töpfen reichlich Platz. Das Ausräumen der Spülmaschine ist unkompliziert; das gesamte Geschirr wird in Reichweite aufbewahrt.

Das Ausräumen der Spülmaschine wird sehr vereinfacht, wenn man keinen Schritt zu gehen braucht: Spüle, Spülmaschine und Geschirrschränke liegen in unmittelbarer Nähe.

Für jede Jahreszeit

Ein Wintergarten, der zu allen Jahreszeiten benutzt werden kann, ist nicht gerade billig. Viele Wintergärten sind eigentlich nur Glaskästen, die an eine Hauswand angrenzen. Heizung und Lüftung funktionieren nur unbefriedigend, doch gerade sie verursachen hohe, laufende Betriebskosten. Die Errichtung eines gut isolierten Wintergartens hingegen ist recht kostspielig. Die Investitionen lohnen sich aber, denn Sie können diesen Wintergarten das ganze Jahr über bewohnen und haben trotzdem keine extrem hohe Heizkostenrechnung. Ohnehin ist es eine ziemlich sinnlose Ausgabe, einen

GRUNDRISS
(1) Türen zum Wohnzimmer. (2) Esstisch. (3) Kücheninsel. (4) Spülbecken, Mülleimer und Schneidebrett. (5) Herd und Abzugshaube. (6) Nische mit Nassbereich. (7) Spüle. (8) Spülmaschine. (9) Schränke für Geschirr und Gläser. (10) Großer Schrank für Kühlschrank, Mikrowelle, Fernseher und Trockenvorräte. (11) Türen zum Garten.

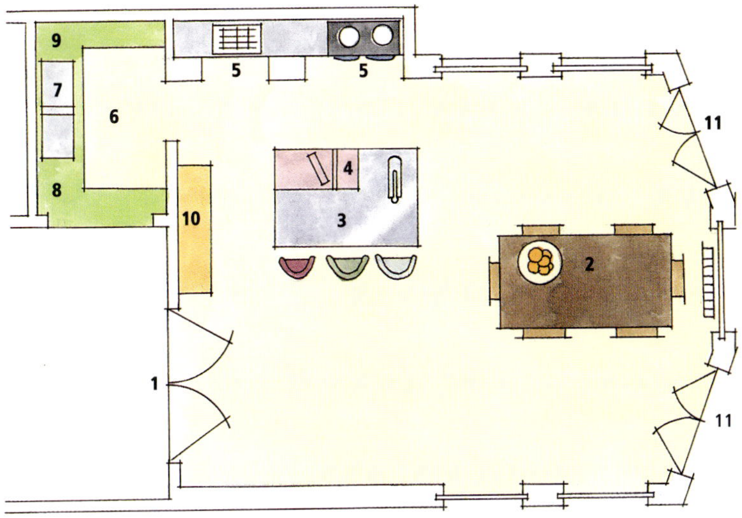

1

2

3

1 + 2 Passgenau getischlerte Schränke fassen alle möglichen Küchenutensilien sowie Elektrogeräte wie den Mikrowellenherd.

3, 4 + 5 Damit die praktische und moderne Küche nicht zu sachlich aussieht, wurden überwiegend natürliche Materialien wie Granit, Rotziegel und Holz verarbeitet.

4

5

CHECKLISTE: WOHNKÜCHE IM WINTERGARTEN

- Wählen Sie einen hochwertigen Wintergarten. Entscheiden Sie sich nur für ein Standardpaket, wenn Sie alle Details überprüft haben. Doppelverglasung oder gehärtetes Glas sind zur Isolierung und als Einbruchsicherung wichtig. Dächer aus Kunststoff sind preiswert, allerdings werden sie mit der Zeit trüb und spröde. Glasdächer sind teurer, sie bleiben aber lange schön und können bei Bedarf repariert werden.

- Die Belüftung ist sehr wichtig. Mehrere Fenster im Dach und an den Seiten müssen sich öffnen lassen. Schiebefenster oder Fenster mit seitlichen Scharnieren sind praktischer als Kippfenster.

- Prüfen Sie, ob der bevorzugte Grundriss des Wintergartens Platz für alles bietet, was darin stehen soll. Abgerundete Formen haben weniger Stellfläche als eckige.

- Zeichnen Sie einen maßstabsgetreuen Grundriss und experimentieren Sie mit der Anordnung der Möbel, ehe Sie sich für ein Modell entscheiden.

- Mittige Türen verlangen einen mittigen Durchgang, was aus Platzgründen oft ungünstig ist. Seitliche Türen sind meist praktischer.

preiswerteren Wintergarten zu bauen, den man nur wenige Wochen im Jahr benutzen kann.

Es gibt zwei Grundtypen von Wintergärten. Die einen sind selbständige Gebäude, die quasi neben das Haus gebaut werden. Die ursprüngliche Wand mit der Gartentür bleibt erhalten, die dann in den Wintergarten führt. Im zweiten Fall wird eine Wand des Raumes ganz oder teilweise entfernt, und man betritt den Wintergarten durch einen breiten Durchbruch. Dadurch wird ein vorhandener Raum, etwa eine Küche, wesentlich größer und heller. Überlegen Sie selbst, welche der beiden Möglichkeiten die für Sie günstigere ist. In unserem Beispiel wurde die zweite Variante gewählt, so dass ein großer, offener Bereich entstand. Auch in kleinerem Maßstab kann ein solcher Anbau Wunder wirken.

Sehen Sie sich verschiedene Grundrisse genau an, ehe Sie sich entscheiden. Es ist zwar voreilig, die Anordnung der Möbel endgültig festzulegen, bevor der erste Stein gemauert ist, doch im Grunde finden Sie nur so die richtige Lösung. Zeichnen Sie einen einfachen Grundriss des geplanten Wintergartens, etwa im Maßstab 1:100 (1 m entspricht 1 cm), und fertigen Sie maßstabsgerechte Schablonen Ihrer größeren Möbelstücke wie Esstisch, Couchtisch, Sofa und Sessel an. Mit Hilfe dieser Schablonen können Sie unterschiedliche Größen und Grundformen eines Wintergartens auf die Eignung hin testen. Grundsätzlich bieten abgerundete Formen weniger Stellfläche als rechteckige oder quadratische. In einem halbrunden Wintergarten bringen Sie eventuell nur einen kleinen Tisch unter. Auch die Lage des Eingangs ist zu beachten. Ist er genau in der Mitte, so muss man auf dem Weg in den Garten um die Möbel im Wintergarten herumgehen. Praktischer ist eine seitlich eingebaute Tür. Besprechen Sie diese Fragen mit der Firma, die den Wintergarten baut. Behalten Sie stets im Auge, dass hauptsächlich Sie sich in Ihrem Wintergarten wohl fühlen wollen. Bietet die Firma also nur Standardlösungen an und geht auf Ihre individuellen Wünsche nicht ein, sollten Sie sich anderweitig umsehen.

Die nächste Überlegung gilt der Bauart. Soll der Wintergarten während des gesamten Jahres bewohnbar und zum Haus hin völlig offen sein, dann sind Doppelscheiben aus gehärtetem Glas ratsam.

Ist der Wintergarten nach Norden ausgerichtet, sollten Sie wär-

Sie müssen nicht unbedingt typische Wintergartenmöbel verwenden. Tische und Stühle, die auch in anderen Wohnbereichen eingesetzt werden können, sind flexibler.

Ist ein Raum in sachlich-schlichtem, zeitgemäßen Stil eingerichtet, fallen gezielt eingesetzte, ausgefallene Dekorationsstücke wie Standleuchter besonders ins Auge.

mereflektierendes Glas verwenden. So hält sich die Wärme im Raum, anstatt durch die Scheiben zu entweichen. Empfehlenswert ist auch, in die Fenster und Türen des Wintergartens Sicherheitsbeschläge einbauen zu lassen.

Das Dach eines Wintergartens kann aus Kunststoff oder Isolierglas bestehen. Kunststoff ist wesentlich preiswerter, hat aber Nachteile: Das Material wird schnell milchig, der Regen trommelt darauf unangenehm laut, und nach etwa 10 Jahren wird das Dach spröde, das dann auch nicht zu reparieren ist, sondern komplett erneuert werden muss. Glas hingegen sieht besser aus, dämmt Geräusche und hält bei richtiger Behandlung ein Leben lang. Geht doch einmal eine Scheibe zu Bruch, kann sie einzeln ersetzt werden. Ideal für die Bedachungen ist Verbundglas, das aus zwei Glasschichten mit einer dazwischen liegenden Folie besteht. Fällt bei einem Sturm ein Ast auf das Dach, splittert zwar das Glas, doch die Splitter bleiben an der Folie haften. Das Dach muss mindestens ein Gefälle von 15° haben, damit Regenwasser gut abfließen kann. Ist das nicht möglich (etwa auf Grund von Fenstern), dann sollten Sie ein Flachdach aus Dachpappe wählen und Oberlichter einbauen lassen.

Für Wintergärten eignet sich als Baumaterial Nadelholz (Weichholz) oder tropisches Plantagenholz. Da im Wintergarten die Schwankungen von Temperatur und Luftfeuchtigkeit wesentlich größer sind als in anderen Räumen, ist Tropenholz besonders vorteilhaft, weil es nicht arbeitet. Nadelholz muss vorbehandelt sein.

Die Belüftung spielt für die Behaglichkeit im Wintergarten eine große Rolle. Je nach Ausmaß des Raumes sollten mehrere Dachfenster und mindestens ein Drittel der Seitenfenster zu öffnen sein. An seitlichen Scharnieren aufgehängte Fenster sorgen für eine bessere Luftbewegung als Kippfenster.

Die Heizung ist ein wesentlicher Faktor. Im Idealfall lässt sich der vorhandene Heizkreislauf einfach erweitern. Fußbodenheizung ist besonders bei Fliesen, Stein- und Holzfußböden angenehm. Klären Sie jedoch, ob die vorhandene Heizungsanlage für ein solches System genügend leistungsfähig ist.

Wird der Wintergarten angebaut, weil mehr Wohnraum benötigt wird, können Sie auch Möbel aus der Wohnung ins grüne Zimmer rücken.

Rechts: Der Wintergarten beherbergt Küche und Essplatz. Mit seinen unverputzten Wänden aus Rotziegel und den traditionellen Sprossenfenstern schafft er einen schönen Übergang zwischen Haus und Garten. Üppig rankender Efeu sorgt auch im Winter für lebendiges Grün.

Unten: Als Bodenbelag im Wintergarten eignet sich neben Naturstein, Klinker und Fliesen auch Holz, sofern es gut versiegelt ist.

Dem freien Himmel etwas näher

Dieser Wintergarten, auf dem Dach eines Hinteranbaus, erweitert eine Dachwohnung, die in einer belebten Straße im Stadtkern liegt. Die so geschaffene Oase dient gleichzeitig als Essplatz. Raffiniert aufgehängte Spiegel lassen den Wintergarten, der auf drei Seiten von Mauern umgeben ist, größer erscheinen. Wohnung und Wintergarten sind verbunden und als Einheit konsequent in Glas, Metall, Holz und in Weiß gestaltet.

Weil in Wohnung und Wintergarten die gleichen Materialien verwendet wurden (Metall, Glas und Holz), können Möbel problemlos umgestellt werden. Der Esstisch beispielsweise kann für ein sommerliches Menü im Wintergarten gedeckt werden, er wirkt aber im Wohnzimmer mit einem Blumenstrauß ebenso gut.

1

2

3

4

Draußen

Diese Dachwohnung über einem Ladengeschäft ist lang und schmal geschnitten. Durch Nachbargebäude war sie obendrein recht dunkel. Gartendesigner Stephen Woodhams, der Bewohner, wünschte sich ein „grünes" Esszimmer für den Sommer mit einem kleinen „Innenhof". So entstand auf der Dachfläche des hinteren Ladenanbaus ein Wintergarten und ein Sitzplatz – von ihm und dem Architekten Peter Romaniuk gemeinsam entworfen. Nun ist die Küche offener und das ganze Jahr über strömen Licht und Luft durch die Wohnung.

Der Bau eines Wintergartens auf einem Dach ist der Statik wegen sehr anspruchsvoll. Für dieses Dach war die Konstruktion eigentlich zu schwer, doch der Architekt fand eine Lösung: Insgesamt zwölf Stahlträger halten die robusten Glasplatten. Die Träger jedoch werden von den Seitenmauern gestützt, so dass sich das Gewicht auf Dach und Seitenwände gleichmäßig verteilt. Der Wintergarten wurde in die Wohnung mit einbezogen, indem Küchenfenster und Tür zum Dach hin entfernt wurden. Dadurch kann die Luft in der Wohnung besser zirkulieren, was besonders an heißen Sommertagen von Vorteil ist. Wintergärten, die so sichtgeschützt hinter dem Haus liegen, können für Einbrecher einladend sein. Moderne, abschließbare Sicherheitsgitter, die man wie Jalousien zur Seite schieben kann, vermindern das Risiko.

Ein weiterer Trick, um Licht und Raum zu maximieren, sind riesige Spiegel an den beiden Seitenwänden des Wintergartens. Die Platten hängen im spitzen Winkel fast bündig zu den Spiegelwän-

den, so dass jeweils ein schmaler, dreieckiger Streifen frei bleibt, auf dem Stephen Woodham mit seinen regelmäßig der Saison angepassten Blumenarrangements verblüfft. Die Kombination von Platten und Spiegeln verwischt die Grenzen des Wintergartens und schafft die Illusion eines sich endlos reflektierenden Raumes. Die Trapezform des Wintergartens scheint sich zum Achteck auszudehnen mit mehreren Tischen und noch mehr Pflanzen.

In dieser modernen Stadtwohnung passen Stahl, Glas und Holz als Stilelemente in den Innen- wie Außenbereich; das beweisen die beiden Tische mit Glasplatte und Stahlgestell.

Der Fußboden (1, 2 und 3) besteht aus einer Kombination aus Stahlrosten, unter denen Lampen befestigt sind, und Metallplatten. Das raffinierte Beleuchtungssystem und der Türöffner lässt sich über Schalter und Dimmer steuern (4). Per Knopfdruck wird sogar eine durchsichtige Glastür undurchsichtig (ganz links). In diesem Fall dient die Technik nur als optische Spielerei. Wo aber die Privatsphäre besonders geschützt werden soll, kann dies ein sinnvolles Mittel sein, das Jalousien oder Rollos überflüssig macht. Allerdings ist das System recht kostspielig.

Links: Wenn an eine kleine Wohnung ein Wintergarten angebaut wird, sind flexible Möbel, die mal drinnen und mal draußen stehen können, besonders wichtig. Ein zusätzlicher Tisch mit Stühlen würde den gewonnenen Platz unnötig füllen. Auf dem Foto stehen Esstisch und Stühle im Wohnzimmer. Werden sie nach draußen gerückt, wirkt der Raum groß und luftig.

CHECKLISTE: WINTERGARTEN IN DER STADT

■ Moderne kleine Wintergärten wirken sehr leicht, weil die Scheiben aus gehärtetem Glas an dezenten Stahlträgern statt an einem kompakten Rahmensystem befestigt werden.

■ Sie eignen sich besonders für Bauten mit einem schönen Ausblick, weil kein Balken- oder Mauerwerk die Sicht versperrt. Größere Wintergärten benötigen eine stabilere Rahmenkonstruktion, da große Glasscheiben sehr schwer sind.

■ Die Scheiben sollten aus gehärtetem Sicherheitsglas oder Verbundglas bestehen. Auch Kombinationen beider Glastypen werden angeboten.

■ Wintergärten werden selten doppelt verglast. Das wäre extrem teuer, und die optische Leichtigkeit des Baus ginge verloren.

■ Ziehen Sie bei der Planung des Wintergartens einen Architekten zurate. Prüfen Sie auch die Belüftung. Hier kann die Luft aufgrund der Öffnung von Tür und Fenster zirkulieren.

Drinnen

Die Hauptwohnfläche wurde durch den Anbau des Wintergartens um rund 25 Prozent vergrößert und gleichzeitig heller sowie vielseitiger nutzbar. Die Dachwohnung liegt in einem Stadtteil, in dem Wohnraum sehr teuer ist. Das macht jeden gewonnenen Quadratzentimeter noch wertvoller. Der Hauptwohnraum diente zuvor als Küche, Wohnzimmer und Esszimmer. Die Küche hinten bildet jetzt die Verbindung zwischen Wintergarten und dem eigentlichen Wohnbereich vorn, wo Kamin, Sofa und Sessel sind. Die Polstermöbel passen zu den primären Stilelementen, da ihre Bezugsstoffe in Weiß gehalten sind oder in Farben, die an Holz oder Metall erinnern wie edles Grau und helle Brauntöne.

Die Küche ist klein und quadratisch, dennoch bietet sie genug Platz für einen großen Kühlschrank, einen Herd mit Backofen und reichlich Stauraum. Sie ist so gestaltet, dass man sich von hier aus mit den Personen im Wintergarten oder Wohnbereich unterhalten kann, aber gleichzeitig die küchentypische Unordnung weitgehend verborgen bleibt. Das Geheimnis sind beidseitig benutzbare Schränke, die zum Wohnbereich hin höher sind. Zur Wohnseite hin sind Geschirr und Gläser untergebracht. Die niedrigeren Schränke lassen sich von der Küche her öffnen und enthalten Kochutensilien

1 Eine Wand aus Glasbausteinen trennt Treppe und Küche und lässt viel Licht durch.

2 Die Edelstahl-Spüle liegt unter dem Fenster zum Wintergarten. So kann man beim Abwaschen ins Grüne sehen oder sich unterhalten.

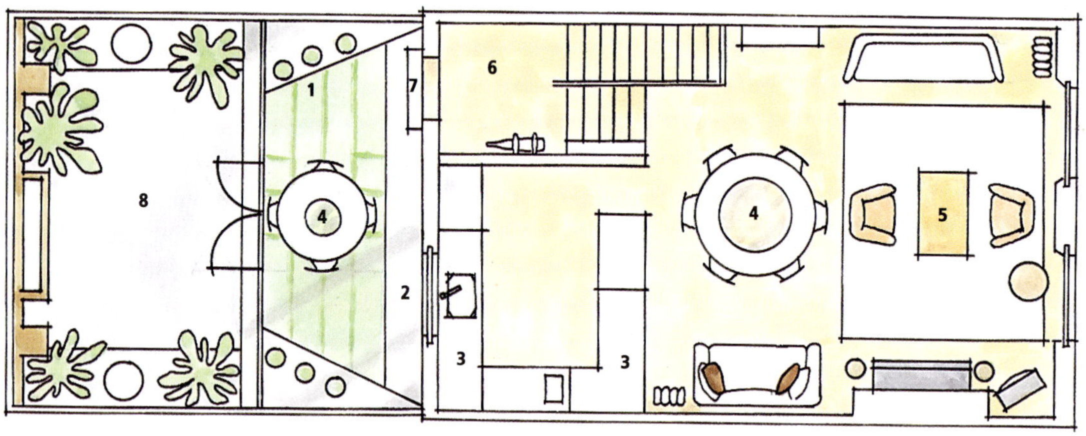

GRUNDRISS
(1) Scheiben aus gehärtetem Glas auf Stahlschienen. (2) Das Küchenfenster wurde entfernt. Durch die so entstandene Durchreiche zirkuliert die Luft besser. (3) Einbauküche. (4) Esstisch im Sommer und im Winter. (5) Wohnbereich. (6) Treppe zwischen Wohnbereich und Wintergarten. (7) Die Tür wurde entfernt. (8) Außenplatz auf dem Dach.

und Vorräte. So bleibt die Arbeitsplatte relativ unsichtbar. Beidseitig der Dunstabzugshaube sind Lautsprecherboxen eingebaut; eine Isolierung schützt sie vor Dampf und Hitze. Auf offenen Hängeregalen sind allerlei Utensilien schnell zur Hand, und hohe Regale für Pfannen und Töpfe nutzen den Platz an der Wand nach oben voll aus. Selbst unter die Treppe passt ein hohes Stahlregal für Weinflaschen.

Oben links: Ein hoher Stahlschrank versperrt die Sicht vom Esstisch auf die Küchen-Arbeitsplatte. Der Schrank lässt sich zur Küche und zum Essbereich hin öffnen.

Oben: Auch in der Küche herrschen Stahl, Holz und Glas vor. So wirkt der Bereich stets übersichtlich und ordentlich.

Caféhausstühle

Liegestuhl mit Stoffbezug

Klappmöbel sparen Platz und sind transportabel. Möbel, die drinnen wie draußen gut aussehen, ermöglichen besonders viel Flexibilität. Außerdem verbinden sie Haus und Garten optisch. Das Design kann modern oder traditionell sein. Typische Wintergartenmöbel sind keineswegs notwendig.

Bequeme, vielseitige Tische und Stühle

Schachteln im Shaker-Stil

Runder Tisch

Verwenden Sie Strukturen, die das Drinnen und Draußen verbinden. Naturmaterialien und neutrale Oberflächen wie Holz, Naturstein, Metall oder Ziegel holen die Farben und Strukturen der Natur ins Haus. Für Lebendigkeit sorgen Blumen im Garten und kräftige Farbtupfer im Haus.

Leichtigkeit in Metall und Holz

Stein- oder Terracotta-Böden

Vinyl und Linoleum

Geometrische Strukturen erreichen Sie mit Stein- und Terracottaböden, Vinyl und Linoleum, aber auch mit Auslegeware aus Sisal, Wolle oder Seegras. Grobe Strukturen sehen attraktiv aus und sind vor allem robust und schmutzunempfindlich. Beachten Sie, dass der Fußboden im Wintergarten dem Sonnenlicht stark ausgesetzt ist.

Hängelampen

Seegras, Sisal, Jute und Wolle

Ampeln aus Draht

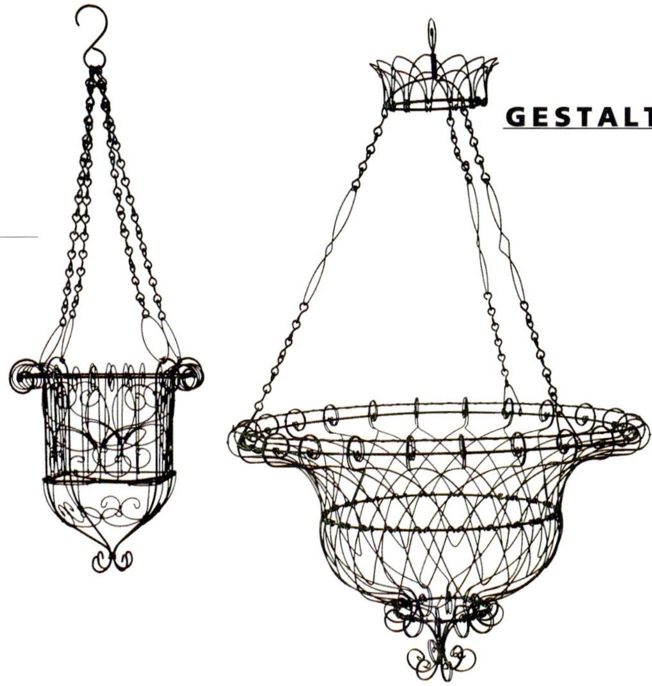

Windlicht

Metall und Ton

Senkrechte Formelemente wie Hängeampeln, Kübel, Windlichter und Lampen geben dem Raum Struktur. Wiederholungen – zwei Körbe, drei Kerzen, vier Töpfe – schaffen ein Gefühl von Einheitlichkeit. Unterschiedliche Formen harmonieren besser miteinander, wenn sie aus gleichem Material sind, zum Beispiel Metall, Ton oder Draht.

Kerzen in Blumentöpfen

So gelingt Ihr Vorhaben

Wer ein Haus oder eine Wohnung einrichtet, hat mit vielen Handwerkern zu tun: vom Klempner und Maler über den Maurer und Architekten bis hin zum Polsterer. Es ist nicht einfach, die richtigen Handwerker zu finden. Holen Sie daher stets von mindestens drei verschiedenen Firmen Angebote ein und sprechen Sie über Ihre Vorstellungen – auch wenn das mehr Zeit kostet. Eine Garantie für die Qualität der Arbeit gibt es nicht. Beachten Sie jedoch folgende Schritte, so tragen Sie selbst viel zum Gelingen bei.

Denken Sie stets daran: Es ist Ihr Haus, und Sie wollen darin leben! Sie sehen und erleben die Räume anders als jeder Handwerker, darum werden Sie auch andere Schwerpunkte setzen. Sie sind es sich – und den Handwerkern – schuldig, die fortschreitende Arbeit laufend zu beobachten. Sagen Sie immer klar, was Ihnen wichtig ist. Nehmen Sie sich die Zeit, jedes Stadium genau zu prüfen. Setzen Sie nichts voraus, denn kein Handwerker kann Ihre Gedanken lesen. Und achten Sie darauf, dass man Ihnen genau zuhört. Das bedeutet nicht, dass Sie ein ewig nörgelnder Kunde sein sollen. Doch jeder gute Handwerker weiß einen präzise formulierten Auftrag, einen klaren Zeitrahmen und verbindlich abgesprochene Zahlungsmodalitäten zu schätzen.

■ Sehen Sie sich nach Betrieben um, die auf „Ihre" Art von Auftrag spezialisiert sind, etwa Architekten, die sich mit denkmalsgeschützten Häusern beschäftigen, oder Inneneinrichtern, die bestimmte Schwerpunkte haben, z. B. Landhausstil oder Industriedesign. Viele Dachverbände (siehe nächste Seite) führen Listen von spezialisierten Betrieben; einige bieten auch Checklisten an, mit deren Hilfe Sie den richtigen Experten finden. Mundpropaganda, Lokalzeitschriften und das örtliche Branchenverzeichnis sind ebenfalls gute Quellen.

■ Sehen Sie sich frühere Arbeiten der Firma an und überlegen Sie genau, ob Ihnen der Stil gefällt. Wenn Sie einen ultramodernen Stil bevorzugen, sollten Sie keinen konservativen Architekten beauftragen.

■ Erklären Sie Ihre Vorstellungen genau, und nennen Sie auch Ihre Preisgrenze. Beschreiben Sie Ihren Wohnalltag und definieren Sie, was Sie von einer Veränderung erwarten.

■ Schreiben Sie Ihre Wünsche auf. Achten Sie auf klare, umsetzbare Formulierungen. „Wunderschön und trotzdem praktisch" sagt eigentlich nichts aus. „Dezenter Landhausstil" oder „alle Haushaltsgeräte sollen versteckt und trotzdem leicht erreichbar sein" ist eine viel eindeutigere Angabe.

■ Prüfen Sie bei Umbauten alle Maße genau nach. Steht in einer Zeichnung 4,6 m, messen Sie dieses Maß auf dem Fußboden des entsprechenden Raumes nach; überlegen Sie, ob Ihnen diese Größe zusagt. Kontrollieren Sie Größe, Stil und Position aller festen Einbauten wie Türen, Fenster oder Heizkörper. Achten Sie darauf, dass die Planung Sie hinsichtlich der Möblierung nicht zu sehr festlegt. Gerade in diesem Stadium passieren oft Fehler, die nicht oder nur mit hohen Kosten zu beseitigen sind.

■ Seien Sie hinsichtlich des Zeitplanes realistisch. Eine maßgeschneiderte Lösung braucht mehr Zeit als eine von der Stange. Planen Sie Wochen oder sogar Monate ein. Kontrollieren Sie aber regelmäßig den Fortschritt der Arbeiten, und achten Sie darauf, dass Zwischentermine eingehalten werden. So verhindern sie, dass Ihr Auftrag wegen einer anderen, „eiligeren" Arbeit ins Stocken gerät.

■ Wenn Sie Antiquitäten oder alte Bausubstanz sanieren lassen wollen, wenden Sie sich nicht an einen Amateur. Das Risiko, dass der Wert des Stückes oder Gebäudes auf Dauer gemindert wird, ist zu groß. Sehen Sie sich nach Fachbetrieben um. In einigen größeren Auktionshäusern finden Sie kompetenten Rat, welche Reparaturen ohne Wertverlust möglich sind, und oft erhalten Sie dort auch Adressen von Spezialisten.

■ Probieren Sie Farben, Stoffe und Tapeten auf einer möglichst großen Fläche aus, um zu kontrollieren, wie sie im Raum wirken. Lassen Sie sich Zeit bei Ihrer Entscheidung. Wenn Sie nicht sicher sind, ob Ihnen ein spezielles Detail gefällt, etwa eine Halogenbeleuchtung oder eine spezielle Holzbeize, schauen Sie sich in den Wohnungen von Freunden und Bekannten um oder besuchen Sie die Modellstudios von größeren Einrichtungshäusern.

■ Lassen Sie sich einen Kostenvoranschlag oder ein bindendes Preisangebot machen. Wenn Sie vorab Planungszeichnungen erstellen lassen, werden diese Arbeiten in der Regel in Rechnung gestellt. Lassen Sie die Arbeiten dann von der entsprechenden Firma ausführen, werden diese Kosten üblicherweise vom Endbetrag wieder abgezogen. Größere Aufträge werden meist in Teilbeträgen bezahlt: eine Anzahlung, ein Betrag für Materialbeschaffung, weitere Beträge nach Abschluss einzelner Arbeitsabschnitte. Zahlen Sie niemals den ganzen Betrag im Voraus. Halten Sie die letzte Rate zurück, bis die Arbeit abgeschlossen ist und Sie alles genau kontrolliert haben. Sind Sie zufrieden, sollten Sie allerdings prompt zahlen. Für viele kleine Handwerksbetriebe sind pünktliche Zahlungen überlebenswichtig.

Nützliche Adressen von Dachverbänden und Berufsvereinigungen

Bund Deutscher Architekten
Ippendorfer Allee 14b, 53127 Bonn

Vereinigung Freischaffender Architekten Deutschlands e.V.
Oxfordstraße 20–22, 53111 Bonn

Bund Deutscher Innenarchitekten e.V.
Königswinterer Straße 675, 53227 Bonn

Zentralverband des Raumausstatterhandwerks
Siemensstraße 6–12, 53121 Bonn

Bezugs-quellen

Möbel, Beleuchtung, Aufbewahrungssysteme, Betten und Zubehör werden in unzähligen Varianten angeboten. Hier können wir nur eine Auswahl von Adressen nennen. Da sich die Lagerbestände wie auch die Moden im Einrichtungsstil ständig ändern, lohnt es sich immer, sich in verschiedenen Häusern umzusehen. Wenn ein Anbieter nicht an Ihrem Wohnort zu finden ist, fragen Sie nach seinen Lieferkonditionen: Viele Firmen, die sich nicht ausdrücklich als Versandhäuser verstehen, liefern gegen einen Transportkostenanteil dennoch bundesweit.

Büroeinrichtung

Cairo
Designkatalog für Bürointerieur
(Angebote nur für Industrie, Handel, Gewerbe, Dienstleister und Freiberufler)
Waldstraße 23, Gebäude C1/C2
63128 Dietzenbach-Steinberg
Bestellcenter: 01 80 / 5 60 05 55 oder 0 60 74 / 40 05 55

Möbel, Stoffe, Wohnaccessoires

Conran Shop
im Stilwerk
Große Elbstraße 68
22767 Hamburg
Tel. 0 40/30 62 13 2

Habitat Deutschland
Berliner Allee 15
40212 Düsseldorf
Tel. 02 11/8 65 09 13

Habitat finden Sie in
Hamburg, Düsseldorf, Köln, Stuttgart

Ikea Deutschland
Postfach 15 60
65705 Hofheim-Wallau
Tel. 0 61 22/99 60

Ikea finden Sie in
Berlin-Spandau, Berlin-Waltersdorf, Bielefeld, Braunschweig, Chemnitz, Dortmund, Echim b. München, Essen, Freiburg, Fürth, Großburgwedel, Halle b. Leipzig, Hamburg, Hanau, Kaarst, Kamen, Kassel, Köln, Ludwigsburg, Saarlouis, Sindelfingen, Stuhr, Wallau, Walldorf

Laura Ashley
Postbus 71 72
NL-5605 JD Eindhoven
Tel. 00 31/40/2 32 82 32

Laura-Ashley-Shops finden Sie in
Augsburg, Berlin, Bielefeld, Bonn, Bremen, Köln, Dortmund, Düsseldorf, Essen, Frankfurt, Hamburg, Hannover, Heidelberg, Karlsruhe, München, Münster, Nürnberg, Stuttgart, Wiesbaden

Systemmöbel

Car Selbstbaumöbel
Ellerbrookskamp 4
22397 Hamburg
Tel. 0 40/6 05 49 36

Flötotto
Einrichtungsversand
Postfach 60 19
33281 Gütersloh
Tel. 0 52 09/59 11 44

Versandhandel

Bailie Nicol Jarvie
Country Living
Industriestraße 4
74736 Hardheim
Tel. 0 62 83/22 17 70

Country Garden
Christel Plasa
Auf den Beelen 12
72119 Ammerbuch
Tel. 0 70 73/23 72

Granny Versand
Große Horst 33
22337 Hamburg
Tel. 0 40/50 59 16

Haus & Garten Galerie
Klassische Haus- und Gartenornamente
Sinninger Straße 44
48282 Emsdetten
Tel. 0 25 72/95 27 24

Heine Versand
Immer etwas Besonderes
Windeckstraße 15
76115 Karlsruhe
Tel. 01 80/5 36 36

Impressionen
Exclusives zum Bestellen
22877 Wedel
Tel. 01 80/5 23 23 41

Wintergärten

Marston & Langinger Limited
Milchstraße 28 A
20148 Hamburg
Tel. 0 40/4 50 05 33

Register

Fett gedruckte Seitenzahlen verweisen auf Abbildungen.

A

B

C

D

T

U

V

W

Danksagung

Die Häuser und Wohnungen in diesem Buch gehören Menschen – viele von ihnen sind gute Freunde –, die sich als oberstes Ziel gesetzt haben, eine Umgebung zu schaffen, in der zwischen Anregung und Erholung ein wunderbares Gleichgewicht herrscht.

Wir möchten ihnen allen für die Erlaubnis danken, in ihrem Privatbereich zu fotografieren.

Ein Dankeschön auch an Cindy Richards,
Kate Haxell und Chris Wood
von Collins & Brown, an unsere Agentin
Sarah Molloy von AM Heath –
und an unsere Familien.